歷史步步是驚心

趙逸君 主編

U0084459

序　言

　　中國歷史自黃帝時代起算，至今約有4700多年。在漫長的歷史長河之中，飽經風霜的華夏民族，以其堅毅睿智的精神、聰敏廣博的智慧、勤勞實幹的雙手，織就了一幅幅風華絕代的畫面、一卷卷精彩紛呈的篇章。

　　縱向觀閱，可覽秦皇氣概、大漢胡風、唐代雍容、宋世卓姿、明時風月、清朝雄渾。從風雲驟起的長安古城，到瀲灩波光的杭州湖畔，從莊嚴威武的紫禁之巔，到容納海外的廣州海灣，無一處不留下了中華歷史的印痕，令世人領略東方中土的魅力。橫向探索，無數帝王將相縱橫捭闔，建立不朽功勳；無數蓋世豪傑橫空出世，留下千古傳奇；無數奇人異士、才子佳人潛行於世，演繹世態繁華、悲歡人生。

　　在這裡，無論是一個時代，還是一段奇緣，又或是一處半壁殘垣，一處古墓深山，他們都是中華五千年瑰麗詩篇的組成部分，在為世人呈現奇趣劇目的同時，也留下了無數難以道清說明的歷史謎題。時人皆知，越是悠遠的歷史脈絡，越是廣大的土地山河，因為難以處處照看，細細研究，所以才越發顯得像謎一樣，令人觀之心生樂趣，想要拆解其中疑竇。中國的歷史就是如此害羞，不輕易揭開自己的層層面紗，叫人想要探個究竟。

　　秦始皇奇貨可居的身世、項羽火燒阿房宮的真相、西施玉環的下落疑點、嵇康被殺原因、武則天立無字碑的目的、「燭影斧

聲」與宋太祖死因、和親政策背後的政治目的、外戚亂政的實質、樓蘭古國沈沒因由、桃花源仙境身在何地、水滸紅樓作者今何在……一個個未解懸案、一串串歷史怪圈，伴隨著華夏千年的演進，牽涉中土上下內外，推動歷史的進程，激發著後人強烈的求知慾。

中國有著數千年難以讀懂的歷史，為了滿足人們對歷史的好奇心，增進世人對華夏史實的了解，本書綜合了大量歷史、地理、科研文獻資料，以全面、全新、探索的視角，從帝王、文臣、武將、文人、紅顏、政治、經濟、文化、科學、經濟、地域、考古、異趣、探祕等近二十個方面，甄選600多個重大的歷史事件，經由深刻精確的分析，力求達到去偽存真，求得事實的真相，解讀歷史的規則。

全書涉獵範圍廣泛，內容深淺合宜，情節充滿軼趣，語言生動活潑，可以幫助讀者掌握研究歷史和探求真相的方法，從中獲得探索發現的規律，引發深層次的解讀思考，擴大視野，重塑歷史觀念。讓讀者在懸疑叢生的史海當中，感嘆世間的玄妙，真正體驗閱讀的快感，感受靈魂深處的酣暢。鑒於時間倉促，書中恐有疏漏之處，懇請讀者朋友批評指正。現在，就讓我們一起登上歷史的車駕，開始一場千年之旅，領略史海深處的風光。

目錄

紅顏篇　沈魚落雁江山醉

Contents

庶人篇　出身鄉野間，平地起驚雷

政治篇 勘破歷史潛規則

Contents

軍事篇　金戈鐵馬，氣吞山河

宗教篇　慈航普度惠眾生

Contents

Contents

紅顏篇

沉魚落雁江山醉

紅顏未必就是禍水

「紅顏禍水」說是歷史軌跡中儼然形成的一種固定思維模式，有著平等生命權利的男女，為什麼經歷歷史和社會的洗滌之後，就變成了生命的兩個極端？無論女人付出的再多，取得的成績再好也只不過是男人眼裡的一種圖騰，而女人們每一次的潰敗都變成了對生命不足的補充和開脫的藉口。難道紅顏真的是禍水？歷史上那些紅顏是否真的就那麼讓人憤恨？

電視劇《封神榜》中，妲己留給觀眾的是傾城傾國的美貌和蠱惑人心的妖媚。殷商王紂因娶此美女終日沈湎於聲色，不理國事。國家的覆滅便使妲己成了眾人口中的紅顏禍水。人們將亡國的罪毫不猶豫地推到她身上，紂王若不是受到她的蠱惑，國家怎會滅亡？當心志逐漸成熟之時，忽然替妲己鳴不平，國家危亡何必要讓紅顏替罪？男人若堅定又怎會被迷亂？

楊玉環的美至今仍然被傳頌，然而很多人認定盛唐的衰落與楊玉環有著不可逃脫的關係，雖有反抗之聲，但是幾乎被忽略。楊玉環的角色是一個沈浸在愛情中享受幸福的女人而並非是政治家，那也絕不是她想要的。

……

無須贅述，紅顏必定是禍水，這一思維定勢已經完全佔據了後人的思想。忽然覺得「紅顏禍水」這種說法可笑至極，「紅顏禍水」忽然變成了對人性和美麗的褻瀆。生命降臨的那一刻就已

經存在著一種不公平，雖說中國的遠古文化中有著「女媧補天」的動人傳說，也有「觀音菩薩」的神祕圖騰，但是這些在歷史的進化過程中卻一直止步於故事和圖騰的理念，卻不能昇華成一種歷史的必然。

很多時候，我們忽略了矛盾產生的根本原因，去花更大的精力去追尋誰應該為問題負責，卻不肯低頭找自身的原因。於是動不動便把亡國的罪名加到女人的頭上。

古時的女人毫無地位可言，她們不是政治家無法掌握權力，她們不是決策者無法指揮江山，所以才更需要男人有足夠的智慧和能力。男人的力量不斷地積蓄愈發強大，還會斷送了江山嗎？英雄難過美人關才是真正的笑談，如果這關都難以跨越如何指揮千軍萬馬？

當下還有一種聲音那就是「紅顏禍水」又或許是出於一種同性之間的嫉妒。這個講究視覺衝擊的時代，任何人都無法抗拒美麗的進攻，當男人口中的紅顏禍水變成紅顏知己時，憤憤地惡狠狠地提起「紅顏禍水」的大概大多是女性了吧。

對紅顏禍水一詞我保留看法，被稱為紅顏禍水的女人要坦蕩，畢竟不是每個人都可以做紅顏，如果老天恩賜的美麗我們譽為禍水，那麼生命是不是最終也要淪為垃圾？

歷史上耀眼的青樓文化

如今談起青樓，人們腦海中浮現的不是艷麗奢華，也不是歌姬美女，多半是猶抱琵琶半遮面充滿詩情畫意的青樓。

青樓一詞的本意是指豪華精緻的雅舍，有時則作為豪門高戶的代稱，如《晉書·麴允傳》：「南開朱門，北望青樓。」豪華精緻慢慢沾染了驕淫奢侈的味道，不知不覺間，青樓慢慢便偏指那些風花雪月的場所。唐代以後尤為明顯，青樓好似煙花之地的專指，只不過多了一絲風雅氣息而已。

青樓的出現是必然的，自從人類進入父系社會以來，女子被男人統治和玩弄似乎理所當然。不爭的現實好像在告誡人們青樓就是男人世界的產物。春秋時齊國的宰相管仲是最早發明官妓的人，他大張旗鼓地開設國家妓院，數百名女子做了官妓。但是管仲的妓院並不是滿足男人的要求，他醉翁之意不在酒，是想通過妓院稅收增加政府的財政收入，維護社會安定，吸引大量人才。管仲的發明很快被其他各國效仿，一時官妓大興。

中國青樓文化興起於魏晉，鼎盛於唐宋。青樓文化也是中國歷史文化中獨具韻味而又神祕絢爛的一部分，它隨著唐宋文化的發展而風生水起，空前繁榮。青樓文化的興起同時也豐富和促進了唐宋文化的發展和繁榮。唐玄宗時期，青樓文化幾乎達到鼎盛。而促使青樓文化如此高地位的正是與青樓名妓惺惺相惜，彼此相依的風流文人。

有詩為證：白居易的：「何處春深好，春深妓女家」、「綠藤陰下鋪歌席，紅藕花中泊妓船」……當然，最膾炙人口的還是那首《琵琶行》。哀怨淒婉的琵琶聲，竟使七尺男兒淚水潸然。而白居易的《與元稹書》也使一名妓女因此走紅。文人墨客們也更需要青樓名妓為自己傳唱揚名的機會。

青樓詩如果說哀怨淒婉、離愁別緒，那麼宋代詞則旖旎華麗、情意纏綿。宋代是詞的鼎盛時期，這一時期青樓詞風格大膽張揚，風花雪月、男歡女愛等「艷情」方面比比皆是。宋詞既有文學特徵，又具音樂性。在宋詞的發展歷程中，歌妓具有充當中介的條件，在詞樂結合、詞的傳播、詞的創作等方面，都發揮了重要的作用。

宋代的文人才子都與青樓歌女過往甚祕，真可謂才子佳人相得益彰。詞壇的領袖晏殊，他的詞深思婉出，風韻絕傳。《望江月》、《玉樓春》都是令人拍案叫絕的傳世之作，展現了晏殊的真情本色。

歐陽修在揚州做太守時，巧遇兩名美貌歌女，酒席筵上兩歌女戲約歐陽修如有機緣一定要來汝陰做太守。數年後，歐陽修果然自揚州調為汝陰太守，此時兩個女早已不知去向。歐陽修一次酒後留詩說：「柳絮已將春色去，海棠應恨我來遲。」可見，他對那兩名歌女是何等的眷戀。

宋代青樓女子們最大的夙願便是與柳七郎床下填詞，床上戲水。柳七郎是當時寫青樓詞最多最好的一位浪子，排行老七，人稱柳七郎。雖然堂堂男兒柳七郎卻與歌女推心置腹，完全不在乎地位懸殊等世俗觀念。

他筆下的《荔枝香》十分的經典。他在詞中寫道：「甚處尋芳賞翠，歸去晚。緩步羅襪生塵，來繞瓊筵看。金縷霞衣輕褪，

似覺春遊倦。遙認，眾裡盈盈好身段。擬回首，又佇立、簾幃畔。素臉紅眉，時揭蓋頭微見。笑整金翹，一點芳心在嬌眼。王孫空恁腸斷。」這真是寫給一個叫荔枝的歌女的情書，語言沈著深情卻不乏情真意切。

　　正是這些青樓的作品，它們與青樓同始同終，幾多辛酸幾多風情都濃縮在這一首首旖旎優美的詩詞裡。

　　青樓的存在使得中國文學有些許神祕味道和瑰麗色彩，然而離開了中國文學，青樓或許又恢復了最初的本質，只是簡單的肉體交易場所。人道主義也好，獵奇心理也罷，唐宋的青樓文化的的確確是光彩奪目的一筆。

娥皇女英為何成了愛情的典範

　　娥皇、女英是中國古代傳說中堯的女兒，姐妹同嫁帝舜為妻。兩女嫁一夫不僅開闢了中國愛情史的開端，也是中國史「和親」的最早濫觴。

　　堯年老後，想找一個德才兼備的人來繼位，眾大臣一致推薦了舜。堯見舜德才兼備，為人正直，辦事公道，刻苦耐勞，深得人心，便欲將其首領的位置禪讓給舜。於是派了兩個寶貝女兒去舜的身邊做「臥底」，從而考驗舜是不是具備國家候選領導人德行和品質。娥皇女英二女在舜的調教下甚有婦道，堯內心十分滿意，三年後舜登上了帝位。

　　舜不負堯的信心繫百姓，國泰民安百姓其樂融融。姐妹倆在舜的帶領下，一心為民鼎力協助舜為百姓做好事。然而在舜帝晚年之時去視察戰亂之地，卻不幸葬身於蒼梧之野。娥皇、女英得知這一噩耗不顧一切苦苦往尋，天天扶竹泣望。失去了丈夫的娥皇女英姐妹，面對奔流的湘江，痛哭失聲。流水遠逝，正像她們的丈夫一去不返，不能復生。

娥皇女英

蘆蒿無邊，江霧蒼茫，臨風憑吊，更添哀傷。無力北返，傷痛難禁的娥皇女英在痛哭之後，投湘江自盡了。她們的眼淚滴在湘江邊的竹子上，淚痕不褪，點點成斑，因此被後人稱為「湘妃竹」。

兩女同嫁一夫是當時氏族社會時期的一種婚俗。娶妻的男人有一種選擇權，在岳父母同意的情形下，可以決定是否要將妻子家中無夫或待嫁的姐妹們，也一起娶回去。

這種制度被稱為「媵制」。充當「媵」的女子，基本上都是男人正式妻子的親姐妹或堂表姐妹們。「媵」的身分比妾自然要高得多，但是也低於丈夫的正式妻子，從屬於正妻。所以後人認為正式出嫁的應該是姐姐娥皇，妹妹女英則是姐姐的媵。

關於娥皇女英的身世也一直是個未知的謎，有傳說娥皇生母早逝，女英是繼母的孩子。當時社會是父系氏族，女人的地位視寵愛程度而定。娥皇女英的母親都不受寵，所以嚴格來講，她們都是庶出的。

但後來的故事中，正室或嫡出或庶出已經不重要了，娥皇女英用生命譜寫演繹了一段美麗感人蕩氣迴腸的愛情故事，這樣的氣度與執著已經遠遠超越了她們的身世。

妲己真的是禍國殃民的「狐狸精」嗎

妲己是中國歷史上商朝最後一位君主商紂王的寵妃，有蘇氏的女兒，據史料記載：「殷辛伐有蘇，有蘇氏以妲己女焉。」

這就說明妲己是紂王討伐有蘇時獲得的「戰利品」，當父親把自己當成牛羊一樣的禮品獻給紂王時，妲己沒有反抗，而是順從地來到敵人的陣營中，這證明妲己是一個深明大義的女子，她用自身的恥辱換來了整個部落的存活。

但是，這樣一個識大體、顧大局的了不起女性，在小說《封神演義》中，竟然搖身一變，成了令人髮指的九尾狐狸精。直至現在，「狐狸精」一詞似乎已經完全遮掩住了妲己的歷史面目，那麼，「妲己亡紂」一說是否能夠經得住歷史的推敲呢？

據史料記載，商紂王「愛妲己，妲己之言是從」，這似乎只為了證明紂王是因為什麼事都聽從妲己才導致亡國的。但是，妲己是以求和的俘虜身分來到朝歌，商紂王怎麼會對這樣一個俘虜出身的弱女子言聽計從呢？也許有人會說，妲己完全是憑藉自己的美貌來迷惑紂王，但是在商朝，人們迷信鬼神，商王室的一切行政和日常事務，都要進行占卜以探詢鬼神的意旨，在這樣一個崇尚迷信的王朝裡，甚至連紂王都不能完全控制局勢，妲己這樣一個弱女子又怎麼能夠掌控全局呢？

有一點我們不得不承認，歷史是由所有人共同創造的，但書寫者卻往往是男人。所以，後人在史書中很容易看到那些慷慨悲

歌、逐鹿中原、天下霸圖的熱血沸騰之意，卻很難洞悉一個女子的悲歡情仇、生離死別或愛恨悲歌。

其實，就連與商紂有關的歷史資料在他生活的朝代都鮮有記載，更何況是帝王身邊的女人呢？後人的一再演繹使他們與本來的面目脫軌越來越嚴重。

史書對這些女子的有限記載為後人的文學演繹或憑空杜撰提供了巨大的空間。文學的影響往往是深遠的，如小說《封神演義》對紂王和妲己的妖魔化的處理，更深刻地影響了他們的歷史形象，甚至掩蓋了其真實面目。

作為中國歷史上的「首席狐狸精」，妲己或許會覺得委屈，竇娥之冤尚有關漢卿來替她昭雪，但這頂「狐狸精」的帽子，不知蘇妲己要戴到什麼時候了……

孟姜女真的哭倒過長城嗎

　　據說，在秦始皇當政的時候，有一對新婚的夫婦，男的叫范喜良，女的叫孟姜女，結婚剛三天，范喜良就被徵去修長城，不久因飢寒和勞累而死去。孟姜女歷盡艱辛，萬里尋夫到長城，得知丈夫已死，便放聲大哭，嘩啦一下就哭倒了長城八百里。

　　這就是我國古代著名的民間傳說——孟姜女哭長城。然而，歷史上到底有沒有孟姜女哭長城的事呢？故事流傳到現在已二千多年了，仍是一個謎。

　　有人認為，孟姜女哭長城的故事純屬虛構。因為山海關所存的長城是秦朝以後才築起的，而秦始皇所築長城距山海關北數百里。歷史上有過哭倒城牆的記載，但故事發生的時間比秦統一六國要早得多，因此和秦始皇根本風馬牛不相及。

　　另外，孟姜女的故事經歷了二千多年的流傳和演變，其故事本身內容差異，說法不一，如何看待這一故事，則更是眾說紛紜，莫衷一是。

　　考證史籍，「哭城」一事首見於《左傳》：春秋初期齊莊公時（公元前749～公元前781年在位），齊國人杞梁在攻莒（今山東莒縣）戰役中陣亡。杞梁沒有兒子，他的妻子無依無靠，撲在杞梁的屍體上，在城下痛哭，哭了七天七夜，城牆也哭塌了。

　　這大概就是「孟姜女哭長城」的原始資料了。看來孟姜女哭長城是由杞梁妻哭城演變而來的，而故事的最後形成大致是在北

宋年間。

　　也有人認為，孟姜女哭長城是根據歷代時勢和風俗的不斷變化而變更的。戰國時，齊都中盛行哭調，杞梁戰死而妻迎柩是悲劇的材料。西漢時，盛行天人感應之說，杞妻的哭城便成了崩城和壞山的感應。她的故事是順應了文化演變而遷流，承受各時各地的時勢和風俗而改變，憑藉民眾的情感和想像而發展的。

　　但也有人否定孟姜女即《左傳》中的「杞梁之妻」。有的認為在封建社會的中國，戰事連綿，民不聊生，哭夫的題材十分常見，《左傳》中也不無記載，因此單憑哭夫這一論據，不能令人信服。有的說，好端端的長城，竟然被一位婦女哭塌了城牆，未免流於荒誕。再說，把齊國的杞梁妻捏造成秦國的孟姜女，把攻莒城改為修築長城，是有意往秦始皇身上栽贓。

　　總之，孟姜女哭長城的真偽，至今尚難斷定。

「公主琵琶幽怨多」並非指王昭君

> 白日登山望烽火，黃昏飲馬傍交河。
> 行人刁鬥風沙暗，公主琵琶幽怨多。
> 野營萬里無城郭，雨雪紛紛連大漠。
> 胡雁哀鳴夜夜飛，胡兒眼淚雙雙落。
> 聞道玉門猶被遮，應將性命逐輕車。
> 年年戰骨埋荒外，空見葡萄入漢家。

看了這首李頎的《古從軍行》之後，很多人都以為「公主琵琶幽怨多」指的是王昭君。因為據說王昭君曾被冊封為公主，而且最擅彈琵琶，並且她的故事流傳千古，為大多數人所熟知。其實，中國歷朝歷代和親的公主成百上千，又何止王昭君一個？

只是，很多和親的公主都湮沒於浩瀚的歷史煙塵之中。這首詩裡的公主也是一位遠嫁的漢朝公主，這位公主不僅有美麗的名字，還有美麗的容貌，《漢書·西域傳》裡還有關於她的記載。

她叫劉細君，江都王劉建的女兒。元封六年（公元前105年），漢武帝封其為公主，遠嫁烏孫國王昆莫獵驕靡，為右夫人。婚禮的風光並不能掩蓋政治聯姻的實際用意，儘管此時的西漢王朝已相當強盛，經過大將軍衛青、霍去病的徹底打擊，匈奴已經遠離漠北，可是漢武帝仍不得不採用懷柔兼武力的辦法積極

打通西域各國，聯合防禦匈奴，烏孫國就是主要的爭取對象。

《漢書·西域傳》記載：「烏孫國，去長安八千九百里……不田作種樹，隨畜逐水草，與匈奴同俗。民剛惡，貪狼無信，多寇盜，最為強國。漢元封中，遣江都王建女細君為公主，以妻焉。賜乘輿服御物，為備官屬宦官侍御數百人，贈送甚盛。」

就這樣，一枝深宮裡的牡丹注定要在西域的浩渺風沙中搖曳，沒有人眷顧她有多麼的嬌弱無助，沒有人思量她有多麼的戀戀不捨，滿朝文武都在讚頌天子高瞻遠矚的英明決策。面對父母之邦的冷漠，細君公主只有將哀怨拋向蒼涼的大地。

不過，她留下了她的琵琶，還有她的幽怨，讓史書枯澀的記載變得鮮活生動起來。

相傳，細君精通音律，妙解樂理，樂器琵琶創制的直接原因，就是細君遠嫁烏孫。

晉人《琵琶賦·序》云：「漢遣烏孫公主，念其行道思慕，使知音者裁琴、箏、築、箜篌之屬，作馬上之樂。」

唐人《樂府雜錄》中記載：「琵琶，始自烏孫公主造。」

《漢書·西域傳》裡抄錄著她的悲歌：「吾家嫁我兮天一方，遠託異國兮烏孫王。穹廬為室兮旃為牆，以肉為食兮酪為漿。居常土思兮心內傷，願為黃鵠兮歸故鄉。」

這首詩傳到漢地，連漢武帝也感慨萬千，於是時常派特使攜帶珍貴禮物去慰問細君，想必細君只有一聲嘆息，慘然苦笑，金銀珠寶怎抵思鄉情深？

細君遠嫁的第二年昆莫獵驕靡就死了，其孫岑陬軍須靡繼位。按照西域風俗，新國王將繼承前任國王的妻妾。細君上書漢武帝，表示自己不願再嫁他人，而天子卻赫然命令「從其國俗，欲與烏孫共滅胡。」

　　自始至終，細君雖名為公主，但終究只是一枚任人擺布的棋子，為了大一統這個冠冕堂皇的理由，作為政治的祭禮，犧牲著自己的青春年華。細君公主在大漠悄然隕落了，她只能祈禱她的靈魂能夠回歸故鄉，實現那個「願為黃鵠兮歸故鄉」的夢想。

　　我們讀歷史，對許多英雄人物熟記在心，如衛青、霍去病、李廣等，我們讀慣了「但使龍城飛將在，不教胡馬度陰山」，但念一念「公主琵琶幽怨多」，也別有一番滋味在心頭。畢竟，蜿蜒綿長的國界線，不僅流淌著男人的血，也曾經流淌著女人一生的淚。

一代才女班婕妤的悲劇人生

　　班婕妤，漢成帝的后妃，一個被後人認為是理想女性的楷模，婕妤並不是她的名字，而是漢代後宮嬪妃的稱號，因其入宮後曾被封為婕妤，所以後世一直沿用這個稱謂。

　　班婕妤在後宮中的賢德是有口皆碑的。當初漢成帝為她的美艷及風韻所吸引，天天同她形影不離，可謂是集萬千寵愛於一身。班婕妤的文學造詣極高，尤其熟悉史事，常常能引經據典，開導漢成帝內心的積鬱。班婕妤又擅長音律，常使漢成帝在絲竹聲中進入忘我的境界，對漢成帝而言，班婕妤不只是她的侍妾，她多方面的才情，也使漢成帝將她放在亦師亦友的地位。

　　漢成帝鴻嘉三年，成帝在陽阿公主的府中見到了體輕如燕、傾國傾城的趙飛燕，很快就被她所吸引，並將她帶回宮中。

　　在這個舞女面前，班婕妤的所有才情變得不堪一擊，她從前在成帝那裡所得到的寵愛，在趙飛燕進宮後，就畫上了休止符。能歌善舞的趙飛燕在奪取成帝的寵愛後，又將其同樣天姿國色的妹妹趙合德引進宮中，兩姊妹輪流侍寢，連夕承歡，在漢成帝眼中，其他後宮粉黛全無顏色，即便是他往日最心愛的班婕妤，也早被拋到九霄雲外。從此，成帝的後宮便成了趙家姐妹的天下。

　　冰雪聰明的班婕妤知道，只要趙氏姐妹在，她就永無出頭之日，所以她自請去長信宮侍奉太后，悄然隱退在淡柳麗花之中。

　　按理說，在頗重禮教的封建社會中，誰都會為擁有像班婕妤

這樣品貌兼具的女子而感到萬分慶幸，那麼，成帝為什麼反其道而行，逐漸冷落她呢？

先看一看當時的政治形勢，漢成帝登基後，雖然名為一國之君，但實際掌權的卻是皇太后王政君和她背後強大的王氏大家族，漢成帝只能算是一個傀儡。沒有實權的成帝自然萬分苦悶，可他卻無法改變這一現象，因此只能把全部精力放在女人身上，以期望能在聲色犬馬中釋放自己的鬱悶。

頗具才華的班婕妤沒有看透這一點，她一心希望成帝能夠成為一個有道明君，但她並沒有努力幫助皇帝奪回屬於自己的權力，而是以身修德，勸誠皇上把心思放在政事上，但是在這種外戚當權的現實政治環境中，成帝即使想成為一個明君，也是難上加難。

所以，儘管班婕妤才華橫溢、莊重自持，卻既不能幫成帝奪回皇權，又不能陪成帝縱情享樂，失寵也就成為必然的結果。

在長信宮的歲月裡，班婕妤仍然對成帝念念不忘，因此她發揮自己的才情，寫下著名的《團扇詩》。成帝死後，她自請守墓，在守護漢成帝陵園中冷冷清清地度過了她孤單落寞的晚年。

專寵後宮的趙氏姐妹自殺之謎

「環肥燕瘦」這個成語指的是唐漢兩大美女，前者說的是唐明皇的妃子楊玉環，後者則是指本節要講的主要人物，漢成帝的皇后趙飛燕。成帝在時，趙飛燕和妹妹趙合德風光無限，經常聯手與後宮諸妃甚至朝臣爭鬥，成帝死後，她們卻被迫先後服毒自殺，其族人也受到牽連，被發配到遼西一帶，那麼，為什麼會出現這兩種截然不同的結果呢？

整件事情的緣由需要從趙飛燕的出生說起。

相傳趙飛燕的母親是江都王之女，屬於沒落士族，嫁給中尉趙曼。由於漢代的禮教不是很嚴格，所以趙飛燕的母親與江都王府中的舍人馮萬金產生私情，並生下一對雙胞胎姐妹。

趙曼得知自己被戴了綠帽子後，大發雷霆，將這一對剛出生的姐妹扔到野外，可能是求生慾望過強，三天過去了，她們竟然還頑強地活著。趙曼得知消息後很是吃驚，便決定將她們收養，長女取名趙宜生，次女取名趙合德。

稍大後，姐妹二人被送入陽阿公主府做侍女，開始學習歌舞，她們的天賦極高，尤其是趙宜生，以身輕如燕而聞名，因其窈窕秀美，憑欄臨風，有翩然欲飛之美，所以人們多以「飛燕」譽之。久而久之，竟然漸漸忘記了她的本名，而稱她為趙飛燕。

一次，愛好遊玩的漢成帝劉驁微服私訪，來到陽阿公主家，當他看到趙飛燕的舞技和容貌後，甚是喜歡，便將其召入宮中，

漢成帝

封為婕妤。趙飛燕受寵後又讓成帝召她的妹妹趙合德入宮，妄圖通過妹妹並寵作保障，以彌補家族勢力的不足。

公元前18年，漢成帝廢掉原來的許皇后，兩年後，立趙飛燕為皇后。從那以後，趙氏姐妹專寵後宮，權傾一時。

關於這段經歷，在《漢書外戚傳》中有這樣的記載：「孝成趙皇后，本長安宮人。初生時，父母不舉，三日不死，乃收養之。及壯，屬陽阿主家，學歌舞，號曰飛燕。成帝嘗微行出。過陽阿主，作樂，上見飛燕而說之，召入宮，大幸。有女弟復召入，俱為婕妤，貴傾後宮。」

雖然被封為皇后，並且在宮中有妹妹的輔助，但是姐妹兩人卻並沒有為成帝生下一男半女，成帝為此事時常憂心，便開始偷偷招幸其他宮人，這讓趙氏姐妹感到她們的地位受到了嚴重威脅，為了避免失寵，她們開始對有孕嬪妃進行令人髮指的摧殘，不僅要殺死懷孕者，甚至連剛出生的嬰兒也不放過，要把他們掐死，以至於當時民間盛傳「燕飛來，啄皇孫」的民謠。

對於趙氏姐妹的瘋狂行為，成帝只能無奈地默許，為了抓住成帝的心，姐妹二人開始輪流侍寢，導致本來體質強壯，狀貌魁梧的成帝逐漸變得身體羸弱，不得不依靠補藥滿足這種淫亂的快樂。由於長期服用補救，並且不斷增加劑量，終有一天，成帝在縱慾之後，倒在趙合德的床上氣絕身亡，從此長留「溫柔鄉」。

成帝死後，一直飛揚跋扈的趙氏姐妹立刻成為朝臣攻擊的對象，外戚王莽首先發難，對趙合德進行拷問，為了避免供出自己和成帝的床闈之事，趙合德只能無奈地服毒自盡。

　　因為成帝無子，於是經過朝臣商議，由定陶王劉欣即位，史稱漢哀帝，新帝感激趙飛燕在其即位問題上曾盡過力，仍尊她為皇太后，但哀帝在位僅僅六年就駕崩了，他的堂弟劉衎隨即登基，史稱漢平帝。這時，趙飛燕徹底失去依靠，被貶為孝成皇后，遷居到北宮，沒過多久，她又被廢為庶人，大司馬王莽以其殺害皇子之罪，迫其自盡，至此，專寵後宮近十年的趙飛燕就這樣香消玉殞了。

貂蟬只是一個美麗的幻覺

　　貂蟬，中國古代四大美人之一，傳說在她快出生的時候，村裡的桃花、杏花一夜之間全部凋謝，等到她降臨人間，桃樹、杏樹便從此不再開花，人們都說是因她的美勝過了桃杏之花，桃杏之花羞於開放了。

　　在一個月圓之夜，已長成花季少女的貂蟬正對月而拜，本高懸於空中的月亮竟慌忙躲進雲中，再不肯出來，她的美令明月都自慚形穢，於是，貂蟬的美名便傳開了。

　　世人對貂蟬的評價很高，覺得她捨身為國，有膽有識，但許多正史中並未提及貂蟬其人。在《三國志‧魏書‧呂布傳》中只略有一些貂蟬的影子：「卓性剛而偏，忿不思難，嘗小失意，拔手戟擲布。布拳捷避之，為卓顧謝，卓意亦解。由是陰怨卓。卓常使布守中閣，布與卓侍婢私通，恐事發覺，心不自安。先是，司徒王允以布州裡壯健，厚結納之。後布詣允，陳卓幾見殺狀。時允與僕射士孫瑞密謀誅卓，是以告布使為內應。……布遂許之，手刃刺卓。」

　　《後漢書‧呂布傳》中也有類似的記載。這裡僅僅說呂布和董卓侍婢私通，也無侍婢的名字，而且也看不出這位侍婢在誅董卓的行動中起過什麼作用，容貌如何、身世來歷均沒有涉及。關於她的容貌，我們根本無從知曉。

　　後來，經過民間藝人的添油加醋，貂蟬的形象浮出水面，變

得越來越生動、美麗。

　　唐代詩人李賀寫過一首《呂將軍歌》，其中有「楹楹銀龜搖白馬，傅粉女郎大旗下」的句子，這裡面已經有了貂蟬的影子，而且她與呂布的關係也已經確定下來。

　　到了元代，貂蟬的形象已經相當鮮明，元雜劇中已有以貂蟬為主角的戲，如：《錦雲堂美女連環記》。戲中說貂蟬本是忻州木耳村人，父親叫任昂，貂蟬小字紅昌，在漢靈帝選宮女時被選入宮中，專門執掌貂蟬冠，因此叫做「貂蟬」。

　　後來，皇帝把她賜給了並州刺史丁建陽，當時呂布是丁建陽的養子，丁建陽就把貂蟬配給了呂布。在黃巾之亂中，貂蟬與呂布失散，流落到司徒王允府中。

　　而到了《三國演義》中，貂蟬的出身、容貌、年齡等交代得很詳細，並且仔細交代了一個女子如何巧施連環美人計，使董卓、呂布父子互相為敵的過程。且看《三國演義》中貂蟬如何出場：「（允）忽聞有人在牡丹亭畔，長吁短嘆……乃府中歌伎貂蟬也。其女自幼選入府中，教以歌舞，年方二八，色伎俱佳，允以親女待之。」

　　在這裡，貂蟬的身分發生了重大的改變，不是呂布的妻子，而是王允府中一名歌妓，且又有王允以親女待之的淵源，為後來王允獻美人的計策做了充分的鋪墊。羅貫中為貂蟬加上若干來龍去脈，使父子二人的決裂有了合理的鋪陳。

　　這些從無到有、從簡單至複雜的故事發展歷程，把一個有姓無名的侍婢美化為一個傾國傾城的女中豪傑，很符合中國式的傳奇寫法。如夢如幻的貂蟬原來只活在傳奇中。

上官婉兒為什麼沒有嫉恨武則天

上官婉兒，唐代名臣上官儀的孫女，在其出生時，武則天以謀反的罪名，將其祖父上官儀和父親上官庭芝處死，因其母親鄭氏是太常少卿鄭休遠的姐姐，母女才得以免死，被配入皇宮內庭。上官婉兒與武則天有滅族之仇，但她後來卻成為武則天的心腹筆桿，終生聽命、侍奉於一代女皇，那麼，上官婉兒為何不嫉恨武則天呢？

初入宮時，上官婉兒還在襁褓之中，出身名門的鄭氏自然不希望女兒從此為奴，荒廢一生，因此上官婉兒逐漸長大後，便讓她進入宮學館接受宮廷教習，在母親的嚴格要求下，上官婉兒在十三、四歲時，便能博古通今，文才出眾，而且性情聰敏靈動，在宮中名聲大噪。

武則天非常愛惜人才，史料記載她「政由己出，明察善斷，當時英賢競為之用」。因此，當上官婉兒的才名傳到武則天的耳中時，武則天馬上召見了她。對於武則天提出的問題，上官婉兒一一作答，且不卑不亢、態度從容、談吐儒雅。雖然上官婉兒在一首七言詩中透著對武則天的憤恨，但武則天並不計較，反而讚賞這首詩文辭優美，情真意切。永昌二年，武則天正式登基，她把起草詔書和批閱奏章等事務全都交給上官婉兒處理，這時，上官婉兒實際上已經成為武則天的首席祕書。

上官婉兒精心地侍奉武則天，曲意迎合，深得她的歡心，對

於上官婉兒的這種做法，有的史學家認為她始終懷有為父祖報仇之心，因此才在武則天身邊忍辱負重，並多次伺機刺殺武則天，但武則天每次都將她饒恕，她對武則天的不殺之恩心存感激，所以甘願一生聽命。但這種說法並不可信，雖然武則天愛惜人才，但是她也更加愛惜自己，假如上官婉兒真的多次刺殺她，她一定不會寬恕上官婉兒的，這一點從駱賓王的事件中就能看到。

從聖曆元年開始，武則天又開始讓上官婉兒幫助自己處理百司奏表，參決政務，上官婉兒這時權勢日盛，武則天對她的信任和依賴程度，遠非一般王公大臣能夠相比的。

從一個罪臣孤女成長為一代女皇的貼身王牌祕書，從一無所有到享受不盡的榮華富貴，這一切都是武則天賜予上官婉兒的，而且武則天政績顯著，深得當時民眾的擁戴，上官婉兒對武則天的仇視也就慢慢地消除，進而死心塌地擁護這位能夠真正懂她的伯樂。

武則天死後，李顯即位，史稱唐中宗，上官婉兒更是被極大地信任，中宗不僅將她冊封為昭容，還讓她繼續專掌起草詔令，並代朝廷評品天下詩文。

公元710年，臨淄王李隆基發動政變，起兵聲討韋皇后及其黨羽，上官婉兒因為受到牽連被殺，一代才女從此香消玉殞。

在唐朝的政治舞台上，上官婉兒雖然沒有丞相之名，但卻有丞相之實，並且一度享盡榮華與權力，但她最終還是做了皇權爭鬥的犧牲品，這個中甘苦，恐怕只有她自己知道了。

上官婉兒

楊玉環未被立為皇后的玄機

楊貴妃，名玉環，號太真，她出生在一個官宦之家，自小學習音律，能歌善舞，並且姿色超群，唐玄宗的女兒咸宜公主在洛陽舉行婚禮時，楊玉環也應邀參加，壽王李瑁對她一見鍾情，在武惠妃的要求下，唐玄宗在當年冊立楊玉環為壽王妃。

035

五年後，唐玄宗見到自己的兒媳，竟然也對她一見鍾情，為了得到她，唐玄宗先是打著為竇太后薦福的旗號，下詔令楊玉環在太真宮出家做道士。公元745年，楊玉環守戒期滿，唐玄宗便下詔讓其還俗，並接入宮中，正式冊封為貴妃。成為貴妃後，楊玉環「集三千寵愛於一身」，唐玄宗為了她甚至能夠「春宵苦短日高起，從此君王不早朝」。

唐玄宗將元配王氏皇后廢為庶人之後，皇后之位一直空著，而在這期間，楊玉環做了長達十五年的貴妃，唐玄宗如果要想冊封楊玉環為皇后，可以有足夠的運作時間，但是，唐玄宗為什麼沒有將自己最愛的人冊封為皇后呢？

有的史學家認為，唐玄宗是通過不正當的手段把楊玉環從兒子手中搶過來的，雖然唐朝比較開放，這種婚姻關係也很自由隨意，但是作為封建社會的最高統治者，搶奪兒子王妃畢竟是一件不光彩的事情，通過這種手段得來的女人，顯然也不具備「母儀天下」的資格，而且楊玉環是一個具有浪漫氣質的女人，她本人並沒有多少權力慾望，有沒有皇后的名號，對她來說並沒有太大

的影響。

　　儘管唐玄宗後來把韋昭訓的女兒許配給壽王，並立為妃，想以此來安撫壽王受傷的心靈，但這顯然難以彌補壽王心中的感情創傷，如果封楊玉環為皇后，勢必會將壽王心中壓抑的怒氣激發出來，而他最好的發泄途徑恐怕就是發動宮廷政變了，這對唐玄宗來說可謂是得不償失。

　　另外，楊玉環得寵後，她的族人也都得到朝廷的重用，已經成為一股龐大的政治力量，如果再封她為皇后，必將引起大臣的反對和權力的傾斜，這不利於維持大唐政權的穩定。

貴妃醉酒

　　此外，一個最重要的原因就是楊玉環長期沒有生育，而此時的太子已經冊立多年，如果強行將楊玉環封為皇后，必然會引起太子的不滿，再加上壽王一直對楊玉環被搶的事情耿耿於懷，很可能會導致政變的發生，唐玄宗自然不敢去冒這個險。

　　然而，楊玉環雖無皇后之名，卻有皇后之實，她享受的待遇、禮儀早已是皇后的標準，能夠得到了天子的萬千寵愛，她又怎麼會去在乎皇后這個虛名呢？

楊貴妃是否曾逃往日本

「蜀江水碧蜀山青，聖主朝朝暮暮情。行宮見月傷心色，夜雨聞鈴腸斷聲。天旋地轉回龍馭，到此躊躇不能去。馬嵬坡下泥土中，不見玉顏空死處。」

唐朝詩人白居易的這首《長恨歌》形象地敘述了唐玄宗與楊貴妃的愛情悲劇。詩人借歷史人物和傳說，講了一個優美動人的故事，並通過塑造的藝術形象，再現了現實生活的真實，感染了千百年來的讀者。但是此詩在給人以唯美藝術享受的同時，也讓很多人想入非非，甚至有人就因這首類似神話故事的名詩推斷楊貴妃沒有死在馬嵬坡。

日本知名女星山口百惠在2002年接受訪問時，曾宣稱自己是楊貴妃的後代。於是有人開始出來說日本不僅有楊貴妃的墳墓和塑像，而且現今還有個稱為「楊貴妃之鄉」的久津村。很多人開始相信一個久遠的傳說：當年楊貴妃在馬嵬坡兵變的形勢逼迫下，一名侍女代替她去死了，楊貴妃在遣唐使的幫助下，乘船離開了大唐，輾轉到了今日的日本山口縣久津村。

美人之死讓很多人都覺得惋惜，更何況是楊貴妃。但是，她並沒有因人們的美好幻想而逃過一劫，更沒有逃到日本，她的確已經死了。

據史料記載，公元755年11月，節度使安祿山詐稱「有密旨，令祿山將兵入朝討楊國忠」，兵起范陽。同年12月攻陷東都

洛陽。

　　當時，深受唐玄宗寵愛的楊貴妃兄妹犯了一個大錯誤──得罪了太子。據《舊唐書‧后妃傳》記載：「河北盜起（即『安史之亂』），玄宗以皇太子為天下兵馬元帥，監撫軍國事。國忠大懼，諸楊聚哭，貴妃銜土陳情，帝遂不行內禪。」

　　這樣一來，皇太子李亨自然恨透了楊貴妃兄妹，也為後來的貴妃之死埋下了伏筆。

　　公元756年5月，玄宗皇帝舉眾西逃，倉皇中的楊貴妃、楊國忠等人絲毫沒有注意到，太子李亨已經將護駕的禁軍大將陳玄禮及其所統率的護駕禁軍收買。

　　據史料記載，逃離長安後的次日，玄宗一行來到了距長安百里之遙的馬嵬驛（今陝西興西）。當時李隆基、楊貴妃二人正在驛內休息，驛外的隨行吐蕃使者卻因為沒有東西吃而與楊國忠爭吵起來，這時，李亨和陳玄禮不失時機地跳了出來，向禁軍官兵宣布：「楊國忠打算謀反。」

　　一些沒有完全被陳玄禮收買的士兵起先半信半疑，但是李亨與陳玄禮指著不遠處與吐蕃使者說話的楊國忠，煞有介事地說：「你們還不信？那你們看，那個逆賊正與胡虜商量要劫皇上，把你們這些人全部殺死呢！」這句話太具煽動性了，所有的人一下子都認定楊國忠是叛賊，於是，亂箭齊發，將楊國忠射死了。

　　厄運很快就降臨到了楊玉環的頭上，《舊唐書‧后妃傳》中云：「（玄宗一行）至馬嵬，禁軍大將陳玄禮密啟太子誅國忠父子，繼而四軍不散，玄宗遣力士宣問，對曰：『賊本尚在！』蓋指貴妃也。力士覆奏，帝不獲已，與妃詔，遂縊死於佛寶，時年三十八，瘞於驛西道側。」

　　對於楊貴妃之死這段歷史，司馬光的《資治通鑒》記載得更

詳細：上（玄宗）杖屨出驛門，慰勞軍士，令收隊，軍士不應。上使高力士問之，玄禮對曰：「國忠謀反，貴妃不宜供奉，願陛下割恩正法。」上曰：「朕當自處之。」入門，倚杖傾首而立。久之，京兆司隸韋諤前言曰：「今眾怒難犯，安危在晷刻，願陛下速決！」因叩頭流血。上曰：「貴妃常居深宮，安知國忠謀反？」高力士曰：「貴妃誠無罪，然將士已殺國忠，而貴妃在陛下左右，豈敢自安！願陛下審思之，將士安則陛下安矣。」上乃命力士引貴妃於佛堂，縊殺之。與屍置驛庭，召玄禮等入視之。

殺死楊貴妃後，為使亂軍心安，玄宗還命亂軍頭子陳玄禮等人進行驗屍。中國有句古話叫斬草除根，陳玄禮肯定是最關心楊貴妃死活的人，他絕對不可能隨便就讓一個假冒的宮女糊弄過去，讓楊貴妃日後有找他報仇的機會。因此，在關係身家性命這點上他是絕對不會允許有「萬一」出現的。更何況，兵荒馬亂之中如何能找到一個跟楊貴妃如此相像的宮女？

根據《舊唐書‧后妃傳》記載：「上皇自蜀還，令中使祭奠，詔令改葬。禮部侍郎李揆曰：『龍武將士誅國忠，以其負國兆亂。今改葬故妃，恐將士疑懼，葬禮未可行！』乃止。上皇密令中使改葬於他所。初瘞時以紫褥裹之，肌膚已壞，而香囊猶在。」

從這段記載可以看出：楊貴妃確實死於馬嵬驛，不然李隆基就不會令中使（宦官）前去祭奠並詔令改葬。並且掘墓後發現了紫褥、香囊，這與《新唐書》中的「裹屍以紫茵」的記載相吻合。最重要的是，掘墓後，楊貴妃並非「空死處」，而只是「玉顏不見」──肌膚已壞而已。這就足以駁斥「不見屍體」的謠傳，由此推之白居易的「玉顏不見」應理解為「屍體已腐」，而不是「不見屍體」了。

039

楊門女將：一段美麗的「假歷史」

從京劇到電視劇的《楊門女將》都受到了廣大觀眾的喜愛，但是，實際上，歷史上並不存在楊門女將。

早在20世紀60年代德國的蒙哥馬利元帥就提出質疑：認為女人當元帥是不可能的。

在人們的傳統印象中，楊家將的組成人員是這樣的：金刀令公楊繼業，繼業有八個兒子，其中第六個兒子名楊延昭，又名楊六郎，六郎生子名文廣，文廣之子名宗保，宗保生子名懷玉。

但是據《宋史》記載，楊業共有七個兒子，他們分別是：楊延昭、楊延浦、楊延訓、楊延環、楊延貴、楊延彬、楊延玉。

其中楊延玉隨父征戰，於陳家谷口一戰殉國，其餘六子，延昭為崇儀副使，延浦、延訓並為供奉官，延環、延貴、延彬並為殿直。

這七個兒子除楊延玉戰死外，餘皆善終，並無流落番邦、身死奸臣之手一說。

「楊家將」半真半假，「楊門女將」更是撲朔迷離。中國古代並非像蒙哥馬利說的那樣沒有女人當過將軍，不但有過，且還有明確的歷史記載。

《後漢書·劉玄劉盆子列傳》載：王莽新王朝天鳳元年，山東琅琊呂母之子呂育因沒有按縣宰吩咐，去懲罰那些交納不起捐稅的百姓，被縣宰所殺。呂母滿懷悲憤，發誓為兒子報仇。她把

家產全部拿出來，開酒店，買刀劍，置衣服，救濟窮人。

過了沒幾年，她的家產全部用盡，那些窮苦農民對她萬分感激，想湊集錢物償還她。呂母不收，只哭訴道：「過去，我救濟各位，不是想得到什麼好處，只因為縣宰枉殺了我兒，我想為兒報仇雪恨！各位能助我否？」早已被王莽殘暴統治激怒的農民一聽這話，立刻異口同聲地表示，願聽呂母指揮，反對官府，為她的兒子報仇。

天鳳四年，呂母登上奎山西麓的土台祭天，自稱「將軍」，率領起義大軍浩浩蕩蕩殺向海曲城。經過一番激戰，活捉縣宰，將其處死。從此，呂母名聲大振，遠近貧苦農民紛紛投奔於她。不久，起義軍發展到上萬人。

呂母的起義點燃了反抗王莽統治的火炬，並很快形成席卷全國的燎原之勢。

呂母以後，有名的女將還有唐高祖李淵的女兒平陽公主。據《新唐書·諸帝公主傳》記載，唐高祖李淵起兵反隋時，平陽公主招納南山的亡命之徒好幾百人，以響應李淵。最後，「勒兵七萬，威震關中」。

李淵渡過黃河以後，平陽公主率精兵一萬與李世民會師渭北，並開設幕府，儼然行軍主師「分定京師，號『娘子軍』」。

但是被小說和電視劇演繹得轟轟烈烈的楊門女將，正史裡卻沒有任何歷史記載，包括專門記載古代女性的《烈女傳》裡也沒有任何蹤跡。歷史上真實的楊家將其實名不見經傳，楊門女將也只是純屬虛構，我們千萬不能把它當歷史。

穆桂英：歷史上查無此人

穆桂英這個名字，在中國人的心中，是巾幗英雄的代名詞。戰場上的她英姿勃發，武藝超群，就像一叢綿裡藏刺的霸王花；居家時的她溫柔賢淑、善解人意。

以她為主角的《穆桂英掛帥》、《楊門女將》、《戰洪州》等都是諸多劇種的看家戲。

穆桂英的故事隨著楊家將的廣泛流傳而家喻戶曉，於是，人們對這一個人物的真實性深信不疑。但是，穆桂英可曾實有其人？她的故事是否是人們虛構的？

《後漢書》上曾記載山東琅琊有一個奇女子，名呂後，為統領一方的女將。《新唐書‧諸帝公公主傳》上也記載，平陽公主曾帶領過「娘子軍」分定京師。

但十分遺憾的是，小說和電視劇裡大名鼎鼎的「穆桂英」，在正史中卻隻字未提。

《宋史‧楊業傳》中只收錄楊業及其子延昭等七人、其孫文廣一人，並無一字提及女眷。倘若穆桂英確曾有過的話，那麼，專收「義婦節婦」之事蹟的《烈女傳》也會有記載。但《宋史‧烈女傳》中共收了近40名「奇女子」，卻沒有穆桂英的名字。

穆桂英這一女將形象，首次出現在民間小說《楊家將演義》中，而到了元初，小說家徐大焯在《燼餘錄》中，把穆桂英「嫁」給了楊宗保。小說的寫法虛虛實實，不足為信。

　　穆桂英的名聲之所以越來越大，很大程度上歸因於老百姓對楊家將的感情。

　　古人說：「豹死留皮。」楊家將說的是楊業、楊延昭、楊文廣祖孫三代忠勇報國、一個個戰死疆場的悲壯感人的故事，如楊令公血灑陳家谷，楊延玉隨父戰死，楊七郎被萬箭穿心等等。

　　這些故事在民間已深入人心，其人物形象已經基本定位，不可能做更多修改。要進一步塑造楊家將，只有在他們的遺孀身上做文章，把楊門女將也塑造成抗遼英雄！

　　這也是老百姓表達愛憎的一種方式。

潘金蓮其人真偽之謎

　　《水滸傳》裡描寫的武大郎奇矮，不足三尺，靠賣燒餅謀生，他有一個很美貌的妻子潘金蓮，後因潘金蓮與西門慶有染，繼而二人商量毒死了武大郎。

　　在很長一段歷史時期內，武大郎一直被當作窩囊男人的典型代表而受到人們的鄙視，充當了一個受苦受難甚至被人害的角色，而潘金蓮更甚，數百年來，她被視為「千古第一淫婦」，承受著「淫婦」等道德意義上的唾罵，他們的形象從何而來？無非是中國的兩部古典文學名著──《水滸傳》和《金瓶梅》。

　　事實上，他們是真實存在的人物，而不僅僅是小說中的人物，那麼，歷史上的他們是怎樣的呢？

　　據河北省《清河縣縣誌》記載，武大郎姓武名植，清河縣武家村人，縣誌和武氏家譜可以證實，武植身材高大，相貌不俗，根本不是《水滸傳》中的「三寸釘、枯樹皮」，他聰明好學，知識淵博。明朝某年考中進士，北宋徽宗欽定為山東陽谷縣令，在為官期間，清正廉明，平反冤獄，治理河患，為百姓做了不少好事，世人尊稱其為「武大郎」。

　　武家村中有一座紀念武植的祠堂，整個祠堂由前庭院、展覽廳、武植碑、武植墓四部分組成。一進武植祠堂，便可見武植雕像及為其正名的圖畫文字。祠堂後院有座土冢，便是武植墓。

　　據其後人介紹，此墓始建於明代，為懸棺合葬墓，土冢原高

9米、直徑約20米，樹木蔥蘢。墓前有清乾隆年間武家後人所立護墓碑。

1946年初，武植墓曾被掘開，村民親眼看見裡面的楠木懸棺，出土的武植骨殖高大，按照推算生前身高應在一米八以上，他是清官，所以無值錢的隨葬品，他不是賣燒餅的，否則，哪有楠木懸棺和青磚壘墓？

而清河縣城東北的潘家莊（後改名黃金莊），便是被武家後人稱作「老祖奶奶」——潘金蓮的家鄉。潘金蓮並不是什麼潘裁縫的女兒，而是貝州潘知州的千金小姐，一位大家閨秀。她知書達理，隨武植到陽谷縣赴任，兩人恩恩愛愛，白頭到老，先後生下四個兒子。黃金莊正南15公里便是武家村。

可以說，歷史的真實和我們所知的相差太遠，這麼多年過去了，關於他們的錯誤認知非但沒有減少，反而因四處流傳而為更多人所熟知，是什麼原因使無辜的他們處於這樣的冤屈處境？

話說武植在陽谷為官時，體恤民情，為民請命，官聲很好。而當地的西門氏是「陽谷一霸」，為非作歹，民訟不斷，武植不畏強暴，為民伸張正義，因此得罪了西門家族。西門氏對武植懷恨在心又沒什麼辦法，就編排一些武植的壞話到處宣揚。

就在這時，有一武植的同窗黃堂家遭大火，便到陽谷找武植求助。他來到陽谷縣一住半月，因武植一直忙於政務，只是來的當天見了武植一面，便再也沒有露面。黃堂以為武植不想資助他，故意避而不見，所以一氣之下回到清河縣。一路上，他為泄私憤，在道旁、樹上、牆上寫了很多武植的壞話，還編排西門氏與潘金蓮的「緋聞」故事詆毀武植。

回到家中，只見一座新蓋的房屋亮亮堂堂，他很奇怪，一問妻子才知道，原來武植得知黃堂的遭遇後就派人送來銀錢，並幫

忙蓋好了房子，本想一切準備妥當之後再告訴黃堂，可是……黃堂懊悔不已，但已經晚了，民間已傳得沸沸揚揚，武大郎和潘金蓮的清譽毀於一旦。

《水滸傳》的作者施耐庵就如同一個娛樂記者一樣，沒有弄清楚事實，將聽來的東西經過加工整理，給武潘二人造成了不可挽回的聲譽上的損失。

但他的後人卻深明大義，努力為蒙冤的夫妻昭雪，黃堂也因太過自責而最終自殺，清河縣的縣誌也明文記載著武大郎夫妻的真實一面，但千百年來民眾中「以訛傳訛」流傳的形象，已經鐵一般固定了下來。

李師師的下落之謎

　　北宋末年，在京城汴梁出了個傾國傾城的名妓，她不僅姿色出眾，氣質優雅，而且能歌善舞，頗具大家閨秀之風範。

　　得知京城出了一個色藝雙絕的名妓後，喜好尋花問柳的宋徽宗變得寢食難安，最後竟然打扮成常人模樣來到妓院，只為了目睹這位絕色佳人的風采。

　　後來，宋徽宗竟然不顧群臣反對，正式將李師師迎入宮中，冊封為李明妃，直到徽宗將皇位禪讓給欽宗後，李師師才被貶為庶人，逐出皇宮，結束了自己幸福的生活。

　　那麼，離開皇宮後，李師師流落到了哪裡？關於她的下落之謎，在民間主要有以下四種說法。

　　其一：李綱主持東京保衛戰時，深明大義的李師師將全部家財捐贈出來，資助宋軍抗擊金兵，然而，李師師的努力是徒勞的，北宋的覆滅並不是一個女人能夠改變的。靖康之難後，李師師逃出汴京，來到慈雲觀中做了女道士，如果這種說法是真的，那麼與宋徽宗的其他后妃們相比，她無疑是最幸運的。

　　其二：在金兵攻破汴京之後，李師師不幸被俘，然後隨金兵北上，並嫁給一個身有殘疾的金兵，沒沒無聞地度過餘生，在清人所著的《續金瓶梅》等書中都有這種說法，但是按照第一種說法，此時的李師師已經逃出汴京，成為女道士，自然也就不可能被金兵俘虜。

其三：汴京淪陷後，李師師輾轉南渡，此時的她已經變得衰老憔悴，全無往日風姿，而且士大夫大多把她當作紅顏禍水，不肯與她交往，最後她成為一個商人的小妾。

這種說法在很多野史上都有記載，例如在《青泥蓮花記》記載：「靖康之亂，師師南徙，有人遇之湖湘間，衰老憔悴，無復向時風態。」《宣和遺事》中也曾記載「後流落湖湘間（今湘南一帶），為商人所得」。

其四：進入汴京後，金主垂涎李師師的美色，便派降臣張邦昌千方百計尋找，為討金主歡心，張邦昌不惜重金懸賞，最終將李師師找到。李師師不願意伺候金主，先是用金簪自刺喉嚨，但是沒有成功，於是又折斷金簪吞下自殺。

大多數史學家都對這種說法表示懷疑，認為這只不過是後人借塑造李師師這一形象諷喻當世。

那麼，一代名妓李師師的歸宿究竟如何，恐怕永遠是一個難解之謎了。

吳三桂衝冠一怒，是否真為紅顏

「慟哭六軍俱縞素，衝冠一怒為紅顏」，自從這句經典詩句流傳之後，吳三桂降清的原因就被總結為「衝冠一怒為紅顏」，甚至許多歷史學家也採納了這一說法，陳圓圓似乎成了促使吳三桂降清的關鍵因素，因此她也被人辱罵了幾百年，那麼，歷史的真相真的是這樣嗎？

公元1644年春，李自成率領的農民起義軍攻佔北京，崇禎帝在景山自盡，推翻了腐朽的明王朝後，闖王接下來亟待解決的問題就是如何迅速招降吳三桂統領的官軍。

當時身為遼東總兵的吳三桂手握重兵，駐守山海關，在其背後是南下的清兵，而南面則是勢頭正旺的大順軍隊，吳三桂的選擇將對這場戰爭起著決定性的影響。

據《明史》記載：「初，三桂奉詔入援，至山海關，京師陷，猶豫不進。自成劫其父襄，作書詔之……」由此可見，李自成確實想要招降吳三桂，那麼，吳三桂的反應又是怎樣的呢？

對於李自成的招降，吳三桂在經過反覆考慮後，決定先試探一下部將們的想法。於是，在一個例行公事的碰頭會上，他問手下將領，「然非借將士力不能以破敵，今將若之何？」眾部將猜不透他的心思，因此均沈默不語。

看到大家都不說話，吳三桂終於亮出底牌，說：「今闖王使至，其斬之乎，抑迎之乎？」在吳三桂這種帶有暗示和壓力的逼

問下，眾部將終於明確表示「今日死生惟將軍命」，聽了手下的回答，吳三桂最終決定「報使於自成，卷甲入朝」。

當吳三桂帶領將士行至半路時，卻又突然轉而投靠清兵，那麼原因何在呢？有的史學家認為，在半途中，吳三桂得知自己寵愛的陳圓圓被闖王部將劉宗敏掠為己有，於是憤恨至極，轉而乞降清兵，籲請清軍「滅流寇於宮廷，示大義於中國」。

但是，在《明季北略》這本書中，卻有著這樣的記載：「自成入京，劉宗敏係吳襄，索沅（沅，指陳圓圓）不得，拷掠酷甚。三桂聞之，益募兵七千。三月二十七日，將自成守邊兵二萬盡行砍殺，止餘三十二人，賊將負重傷逃歸，三桂遂居山海關。」這也就是說，劉宗敏因為沒有得到陳圓圓，而對吳三桂的父親吳襄嚴刑拷打，最終導致吳三桂與李自成反目成仇。

而且，作為一個大地主官僚，吳三桂必然會維護自己的階級利益，保證自己的榮華富貴，即使他帶兵歸降李自成，也不過是一種政治投機而已。況且闖王攻佔北京後，將明朝的降臣全部投入監獄，並追繳他們貪污所得的贓款，而滿清則對吳三桂許以高官厚祿，這也就必然導致吳三桂作出降清的選擇。

在吳三桂降清這件事中，陳圓圓無疑是最無辜的，根深柢固的男權主義總是讓一些弱女子來背負著冤假錯案，成為替罪羔羊，以便為男人的錯誤開脫，這就是所謂的「紅顏誤國」。

名妓陳圓圓的結局之謎

　　山海關戰役後，吳三桂從李自成手中奪回陳圓圓。隨後他被清政府封為平西王，陳圓圓也跟著他去了雲南。那麼，之後的陳圓圓又經歷了哪些事情？她的結局如何呢？

　　史學界流傳的一種說法是，陳圓圓年老色衰，好色的吳三桂對她產生厭倦，轉而疼愛「四面觀音」「八面觀音」（吳三桂寵妾的綽號）。看破紅塵的陳圓圓立意吃齋念佛，不與他人爭寵。雖然她還住在吳三桂的寢宮，但獨處一室，常年吃素，與外事隔絕，與「出家」無本質區別。

　　還有一種說法，當清兵攻破昆明城時，吳三桂之孫吳世潘服毒自殺，而吳世潘妻子與陳圓圓均自縊而亡，或陳圓圓絕食而死。清代文人孫旭在《平吳錄》中記載：「（吳三桂叛亂失敗時）桂妻張氏前死，陳沅（圓）及偽后郭氏俱自縊。一云陳沅不食而死。」《平滇始末》也說：「陳娘娘、印太太及偽皇后俱自縊。」又有人說，陳圓圓在吳三桂兵敗後，沒有自殺或者絕食而亡，而是在昆明歸化寺出家做了尼姑，法名「寂靜」。

　　直到1983年，貴州岑鞏縣的考古工作者提出「陳圓圓魂歸岑鞏」的說法，被多數學者所接受，至此，有關「陳圓圓結局」的爭論才告一段落。

　　據考古學家稱，在岑鞏縣水尾鎮馬家寨獅子山上有一個土堆，便是陳圓圓的墓。墓碑上刻有「故先妣吳門聶氏之墓位席，

孝男：吳啟華。媳：涂氏。孝孫男：仕龍、仕傑。曾孫：大經、大純……皇清雍正六年歲次戊申仲冬月吉日立。」

原來，馬家寨的人全部姓吳，是吳三桂的後代。當年，吳三桂將敗，其愛將馬寶將陳圓圓與吳三桂的兒子吳啟華偷偷送至四州（今岑鞏）。後來，吳啟華為紀念馬寶的救命之恩，也為躲避清朝政府的追殺，就改姓馬，其居住的寨子就叫馬家寨。

陳圓圓死後，家人不敢明目張膽地寫上她的名字，便採用暗語。「先妣」指已經去世的母親；「吳門」既指代吳家，也表明這裡所藏之人是蘇州人，古時候蘇州亦稱吳門；「聶」可看作「雙耳」，陳圓圓本名姓邢，後跟養母姓陳，邢和陳都帶有「耳」字旁，且「雙」字含有美好、團圓之意，因此「聶」暗指陳圓圓；「位席」有正妃之意，表示其地位崇高。於是墓碑上「故先妣吳門聶氏之墓位席」可以理解成「母親蘇州人氏陳圓圓王妃之墓」。

但後來有人根據史書記載：「馬寶在楚雄繼續對抗，最後兵敗被俘，被押送省城，終被凌遲致死」，因此認為馬寶沒有去過四州。

一代美女陳圓圓究竟是看破紅塵出家為尼，還是為吳三桂殉情，抑或吳三桂兵敗後她隱姓埋名生活數年，至今，史學界沒有統一定論。

明末名妓柳如是為何自縊身亡

在明清易代之際，曾出現過一位著名的歌妓才女，她氣質高雅，才色並茂，有著強烈的愛國民族氣節，在明王朝面臨危難之際，她盡全力資助和慰勞抗清義軍，因此名氣很大，她就是──柳如是。

柳如是生於明萬曆五十年，幼即聰慧好學，但由於家貧，從小就被賣給一個名妓做養女，妙齡時流落青樓，崇禎十四年，剛過二十的她，嫁給了東林黨領袖錢謙益。

康熙三年五月二十四日，錢謙益去世，隨後幾天，柳如是也懸梁自盡，結束了自己的一生。那麼，這位才藝雙絕的明末名妓自縊的原因到底是什麼呢？

有些史學家認為，因為受到他人逼迫，柳如是才選擇自盡，這種說法是有一定道理的。柳如是嫁到錢家時，錢謙益的原配陳氏還在，另外還有幾房侍妾，但是，隨著柳如是的到來，錢家的經濟大權逐漸掌握在她的手中，這自然會引起錢氏族人的不滿。所以，錢謙益剛剛去世，攘奪家產的鬥爭也就隨即爆發，這就是「錢氏家變」。

錢謙益屍骨未寒，族人卻要瓜分他的財產，並且聚眾大鬧，原配陳氏與其他侍妾失寵多年，早就對柳如是恨之入骨，因此趁著這個機會，每日堵門叫罵不絕，雖然柳如是散盡千兩白銀，但眾人還是喧鬧如故。柳如是幾經斡旋，終不成功。

丈夫去了，柳如是失去了依靠，而族人的無理取鬧，也讓她失去了生活的希望，於是她吮血立下遺囑，然後解下腰間孝帶懸梁自盡，追隨錢謙益於九泉之下。

另外，還有一些史學家認為柳如是與錢謙益的感情深厚，因此殉節而死。但是，從史料中我們知道，在某些事情上，柳如是對丈夫的做法是極其不滿的。例如，當清軍兵臨城下時，柳如是想要錢謙益與其一起投水殉國，錢謙益先是沈默不語，然後才走下水池試了一下水，說：「水太冷，不能下」，柳如是則「奮身欲沈池水中」，最後被錢謙益硬拖住而獲救。

清軍統一天下後，錢謙益作為明朝遺臣，又是一方名士，必定會引起新政權的注意，於是柳如是再次勸錢謙益以死保節，但錢謙益猶豫再三，最終答應了清廷召他入京為官的要求。

錢謙益的一生中有許多污點，雖然他後來辭掉官職，不再為清廷效力，但柳如是對他的這些所作所為仍然耿耿於懷，當錢謙益晚年不得意時說「要死」時，柳如是甚至嘲諷說：「當初不死，現在已經晚了。」所以，柳如是為錢謙益殉節一說並沒有多少說服力。

董小宛身世之謎

　　秦淮名妓董小宛，色藝雙全，名滿金陵。她與「復社」中的書生冒襄（即冒辟疆）一見鍾情，雙雙遁跡杭州，結成夫妻。順治二年，清兵攻陷杭州，董小宛被擄掠，獻給清世祖順治皇帝。順治帝對董小宛恩寵有加，未過多久，董小宛被封為淑妃，為六宮粉黛第一美人。然而，董小宛紅顏薄命，順治帝悲痛欲絕，他感到人生虛無，萬物皆空，也無心再做皇帝，就遁入山西五台山，削髮披緇，皈依淨土。

　　世人認為，董小宛就是順治的愛妃——董鄂妃，我們不難看出順治帝對董鄂妃的感情是非常深厚的，都說順治皇帝就是為了她而出家的。

　　那麼，董小宛是不是董鄂妃呢？

　　在歷史上，董小宛確有其人。董小宛（1624～1651年）名董白，除了「小宛」，她還有一個號「青蓮」。她和陳圓圓、柳如是、李香君、顧眉、朱無瑕、趙令燕、馬湘蘭等，都是明末舉世艷稱的名妓。

　　她出生在明天啟四年（1624年），到崇禎十七年（1644年）明思

董小宛

宗朱由檢自盡時，作為早已艷名遠播的美女，她已經二十歲了；而此時的清世祖愛新覺羅福臨，也就是順治皇帝，他的年紀最多也不超過七歲（因為直到七、八年之後，年齡十四歲的小皇帝才夠冊立他的第一位皇后）。

在那個早婚的年代，十六年即為一代人，尚不諳世事的七歲小皇帝怎麼可能愛上一個「阿姨輩」的女人呢？

真正的董小宛在崇禎末年便從良了，當時她十九歲。她的丈夫冒辟疆，與方以智、陳貞慧、侯方域一起，被共稱為明末的「江南四公子」。是江蘇如皋人氏，名襄，號巢民。明朝滅亡之後，他便隱居鄉里，終生不仕。才色雙絕的名妓，嫁給頗具民族氣節的名流公子，這段姻緣還是十分般配的。在1651年，一代名妓死在水繪園影梅庵家中。

董鄂妃（？～1660年），據《清史稿・后妃傳》的記載：「孝獻皇后董鄂氏，內大臣鄂碩女，年十八入侍。上眷之特厚，寵冠後宮。」就是說董鄂氏（後來的董鄂妃）是內大臣鄂碩的女兒，18歲入宮，受到順治的寵愛。當董小宛去世的時候，董鄂妃剛剛年滿13歲。

從中可以看出，董小宛嫁給冒辟疆後，兩人生死與共，沒有分開過，董小宛死後，冒辟疆還寫了一篇《亡姬董小宛哀辭》悼念她，文章中有「今幽房告成，素旐將引，謹卜閏二月之望日，安香魂於南阡」的記載，據時人記載，冒辟疆把她葬在影梅庵。所以董小宛不可能到宮裡去當順治帝的妃子。

董小宛和順治帝兩人也有年齡差距，明崇禎十二年的時候，也就是1639年，董小宛和冒襄相識，當時董小宛是十六歲，這個時候順治皇帝才只有兩歲。清入關以後的順治八年，順治皇帝十四歲，那一年董小宛二十八歲，她當年就去世了，前後相比，順

治皇帝和董小宛年齡相差十四歲。

顯而易見，董小宛和董鄂妃根本不是一個人。

那麼，為什麼民間傳說會將董小宛與董鄂妃拉到一起呢？可能是因為她們倆的姓中都有一個「董」字，二人又都是傾國傾城的絕色佳人。

一些文人在編寫野史時，為了使情節離奇、有吸引力，於是便採用了移花接木的手法，將董小宛說成是董鄂妃了。董小宛是江南名妓，有著一段不凡的經歷，順治又是個懦弱的、重感情的情種皇帝，有段纏綿的婚姻史，這種情況到了文人的筆下，才添枝加葉，杜撰出許多無根由的情節來，於是一部部具有傳奇色彩的故事便誕生了。

真實的香妃是否身體有異香

香妃，一個自異域而來，體帶異香、美艷絕倫的女子，一個極具傳奇色彩的女子。她到底是民間的演繹，還是真實存在過？滾滾紅塵，宮闕千重，香魂何在？

據傳，乾隆時期，回部發生叛亂，清軍入回疆，定邊將軍兆惠俘獲一回部王妃，此女子天生麗質，更奇的是她通體會散髮沁人心脾的異香，有人說是沙棗的香氣，於是，人稱香妃。

乾隆帝對她大為傾心，執意納之為妃，為討其歡心，特在西苑建造了一座寶月樓，供香妃居住，並常親臨探視，希其順從。然而香妃性格剛烈，誓死不從，並身藏利刃，表示不屈的決心，還時常因思念家鄉而淒然淚下。

皇太后得知此事，召見香妃，問她：「你不肯屈志，究竟作何打算？」香妃以「唯死而已」相答，太后說：「那麼今日就賜你一死。」香妃拜謝，於是太后趁乾隆帝單獨宿齋宮之際，命人將香妃縊死。

香妃死後，乾隆帝悲傷不已，最後以妃禮將其棺椁送往故鄉安葬。一百多人抬著她的棺木，走了三年，才把她送回喀什，葬歸故里。

然而，迷人的傳說雖引人入勝，但它與歷史相去甚遠。

史載，乾隆帝先後有嬪妃四十多人，只有容妃來自葉爾羌（今新疆莎車）回部，一般認為她就是傳說中的香妃，但實際上

容妃並不是被掠進宮的。因當年容妃家族反對叛亂，擁護朝廷平叛有功而被乾隆皇帝召進北京，封官晉爵，容妃的父親和哥哥為了感謝皇帝的恩德，也為表對朝廷的忠心，決定把聰明美麗的妹妹送進皇宮，服侍皇上。

全宮上下對她的印象都很好。乾隆二十六年（1761年）12月30日，乾隆帝奉皇太后懿旨，晉封容妃為和貴人。5月21日舉行了容妃的冊封禮。第二年，圖爾都被晉封為輔國公。乾隆三十年（1765年）正月，皇帝第四次南巡，容妃和她的哥哥圖爾都隨駕同行。皇帝的妃嬪很多，而外出陪駕的妃嬪只有幾位。容妃能夠隨駕，表明她在皇帝心目中的地位很高。一路上，容妃兄妹第一次飽覽了祖國內地的壯美山河，大開了眼界。

從這裡可以看出，容妃深得乾隆帝的寵愛，不僅隨乾隆帝南巡，還被特許在宮中著本族服裝，並配備回族廚師。

在史籍與檔案中，也未見容妃有體散異香的記載，更無被皇太后賜死的結局。可見，容妃並無傳說中香妃的曲折經歷，她不是香妃。

另外，有史料證明，乾隆帝下令在西苑建寶月樓的目的不是為了容妃（或稱香妃），乾隆帝在他的《寶月樓記》中講得很明白：建寶月樓是為了每臨台南望，嫌其直長鮮屏蔽，即它可起到屏障、遮擋之用。從時間來看，寶月樓建在容妃進京之前，即乾隆二十三年（1758年），當時乾隆帝怎麼知道和卓氏進京並能為己所愛？所以，乾隆不會為了取悅香妃而建寶月樓。

原來，香妃只是一個人們心中的美麗女子，經過文人墨客的渲染，野史的繪聲繪色描寫，逐漸使人們相信她的存在。至於香妃體香引來翩翩蝴蝶，死而復生，最後被小燕子和紫薇救出宮闈，則又是「瓊瑤」為野史續添的一筆。

東太后慈安死因之謎

慈安太后原是廣西右江道穆揚阿的女兒，在咸豐沒有登基之前，她就與其結成夫妻，咸豐駕崩後，她被晉封為慈安太后，地位在慈禧之上。

1881年4月8日，一向健康無病的她突然暴斃宮中，年僅四十五歲。對於慈安太后的死因，朝野上下議論紛紛，因為在其死後，兩宮共同執掌朝政的格局變成了慈禧一人垂簾聽政，所以人們就將她的猝死與慈禧聯繫到一起。

據野史記載，咸豐皇帝在臨終時，曾給慈安祕密留下一道遺詔，要她監督慈禧，並指示她「若慈禧安分守己則可，否則汝可出此詔，命廷臣傳遺命詔除之」。

咸豐死後，慈禧曾寵愛過一個姓金的京戲演員，有一次，慈禧生病，慈安到其住處探視，卻發現慈禧與這個京戲演員同床共眠。慈安大怒，對慈禧「痛數責之」，並將咸豐留下遺詔之事說出。慈禧聞聽大驚失色，趕緊連連認錯，並命人將金某殺死，這才獲得慈安諒解。

從那以後，慈禧就想方設法討好慈安，終有一天，慈安被慈禧的假面目蒙騙，在慈禧面前將密詔燒毀，後來慈安偶染小疾，慈禧派人送去一服藥，慈安吃後在當晚暴斃。

對於慈安的死因，其他野史也有不同的記載，在《清朝野史大觀》中有這樣的記載：「或曰慈禧命太醫院以不對症之藥致死

之。」意思是說，慈安在患病之後，慈禧命御醫故意給慈安配置不對症的藥，慈安因此被害死。

在《清稗類鈔》中卻說在光緒七年，慈禧身患重病，因此不能過問朝事，慈安在這段時間獨視朝政，這讓慈禧感到非常不滿，於是就誣陷慈安賄賣官爵，干預朝政。慈安感到非常氣憤，但是因為言語木訥，爭辯不過慈禧，因此吞咽鼻煙壺自殺。

從上面的記載我們可以看出，不管慈安是被「毒死」、「錯藥致死」還是「自殺」，所有的矛頭都指向慈禧，慈禧將慈安謀害似乎已經證據確鑿。但是，有的學者卻傾向於「病死」的另一種說法。

這些學者指出，在《翁同龢日記》中曾經記載過慈安的兩次病史。一次是慈安26歲時，「慈安皇太后自正月十五日起聖恭違豫，有類肝厥，不能言語」，這次疾病共生了二十四天，按照現代醫學觀點，「有類肝厥，不能言語」應該被視為腦供血不足，屬於中風先兆，另一次是慈安33歲時，「昨日慈安太后舊疾作，厥逆半時

慈安（臘像）

許。」這次所謂的「厥逆」依然是腦供血不足的再次發作。

　　由此可見，慈安患有腦血管疾病，而且在她猝死的前段時間，由於慈禧生病，一直是她獨理朝政，不善於管理朝政大事的她自然感到身心疲倦，而在其暴卒當天事朝時，許多大臣都看到她兩頰微紅，猶如醉色，這說明連日的勞累與壓力已經使她的血壓升得很高，當晚如果沒有好好休息，很可能會誘發腦出血，導致死亡。

　　朝廷光緒七年三月初十日發布的正式哀告中，也證明慈安是正常死亡，報告中寫道：「初九日，慈躬偶爾違和，當進湯藥調治，以為即可就安。不意初十日病情陡重，痰壅氣塞，遂致大漸，遽於戌時仙馭升遐。呼搶哀號，曷其有極。」

　　這份報導詳細記載了慈安從發病到死亡的整個過程，也宣告慈禧謀害慈安的說法並不可信。

敢和皇帝離婚的女人

「我要離婚！」有個女人輕輕地說出這句話，聲音不大，卻把中國最後一位封建皇帝溥儀嚇了一跳，也順便給了當時名存實亡的清朝皇室一記難堪的耳光。

這個要和皇帝離婚的女人叫文繡，是滿族鄂爾德特氏端恭之女。1922年，溥儀隨手畫的一個圈徹底改變了她的命運，當時尚不滿13歲的文繡大概想不到，自己的大半生都將被圈在裡面。

1921年，已經退位但仍然保留帝號的溥儀要選皇后，亡國之君自然不能再像盛世之時的祖上一樣在全國「選美」，但是溥儀選后的消息還是讓很多人異常興奮，畢竟，皇后那頂華麗的桂冠還是很有吸引力的。文繡的父母和五叔決定將她的照片送入宮中應選，起初文繡誓死不從，但最終也只好無奈地接受了這個事實。

溥儀圈中的人正是文繡，但由於當時文繡的家族已經衰落，光緒帝的遺孀堅決反對立她為后。最後，滿洲正白旗郭布羅氏榮源家的女兒被立為皇后，也就是婉容。

由於「皇上已經圈過文繡，她是不可能再嫁給臣民了」，所以文繡被

溥儀

立為「淑妃」，和婉容一起進了宮。

就這樣，13歲的文繡嫁給了16歲的愛新覺羅溥儀，成為末代皇帝的妃子。

表面看上去，家境貧寒的文繡就像是幸運地得到了水晶鞋的窮丫頭，可惜，她所嫁的並不是騎著白馬的王子，而是愛抽大煙的溥儀。這位年輕的亡國之君，既無力逆轉歷史的走向，心裡又充滿窮途之哀，只能日復一日注視著大清王朝與天際的夕陽一起隕落。

文繡入宮之初，溥儀對她十分眷戀。但對於古代的帝王而言，女人往往只是工具或者玩物而已，他們需要的是那種俯首貼耳、唯命是聽的女子，連有名無實的皇帝溥儀也不能例外。

然而，文繡卻偏偏不是這種女人。從進宮的第一天起，她心裡就對這莫名其妙的命運充滿了抵抗的情緒。她的不安與反抗開始表現出來，甚至偶爾會流露出要求自由與平等的「非分之想」。溥儀漸漸疏遠了文繡，以至於後來她與皇后婉容發生矛盾時，溥儀也表現出了明顯的偏袒。

1924年11月5日，馮玉祥發動「首都革命」，溥儀被趕出了皇宮。幾個月之後，文繡隨溥儀搬到天津，並在靜園中鬱悶地過了六年多。這段時間，脫離了皇宮裡無形的封建綱常的壓制，文繡很想改變原來在宮中的生活，甚至希望能與溥儀保持平等的身分。這些想法不僅沒能改善她與溥儀以及婉容的關係，反而使溥儀對她的態度從冷淡變成了反感。

據說當時溥儀與婉容住在二樓，文繡住在一樓，平日裡甚至不相往來，形同陌路。對於溥儀與婉容來說，文繡就像是局外人一樣。文繡後來曾將自己形容為「哀苑鹿」，稱「鹿在苑內，不得其自由，猶獄內之妃，非遇赦不得而出也。」

1931年，在一次與溥儀爭吵之後，文繡心中的委屈與憤怒終於爆發了，她離開了靜園，並向溥儀提出了離婚。皇帝的妃子要離婚！這在當時引發了極大的轟動，少數思想開化者對這場「妃子革命」表示支持，但大多數守舊者發瘋般地圍攻「淑妃」，指責她大逆不道。

事態愈演愈烈，多番溝通後溥儀自知再也無法勸回文繡，又不想把帝王家的家事鬧上法庭，只好同意離婚並簽訂了和解議案。這場風波直攪動得天驚顫、地驚悸，人間更是一派哆哆嗦嗦，文繡終於把婚離了，但離婚的議案中卻有一道符咒：文繡必須承諾「永不再嫁」。

為了挽回體面，1931年9月，溥儀在京津滬的報紙上刊登了「上諭」：「淑妃擅離行園，顯違祖制，撤去原封位號，廢為庶人，欽此。」離婚的事實被冠以「廢妃」的名號，清朝皇室的體統與尊貴似乎得到了保全，但在今人看來，這樣局促的窘態似乎更加可笑。

比文繡更加悲慘的是，皇后婉容最終落了個瘋癲的下場。作為中國封建社會的最後一代皇后和皇妃，她們既是帝制時代的犧牲品，更是近代社會巨變的縮影。

婉容與文繡

庶人篇

出身鄉野間，平地起驚雷

「丐幫」的前世今生

李漁曾說：「討飯吃這條路，也還是英雄失足的退步，好漢落魄的後門。」又有舊中國民謠講：「討飯三年，給個縣官也不換」。

乞丐有著相當久遠的歷史，它似乎先於文明社會產生。乞丐是文明社會的一個長期的歷史現象。

乞丐作為一個職業化的身分大概最早出現於六朝。乞丐結成一夥有很強的現實性和必要性。因為乞丐要飯受人欺負，被狗咬，不結成一夥怎麼能生存下去呢？於是就有了丐幫這個名稱以及組織。

武俠中的丐幫是天下第一大幫，他們聚夥為幫，打抱不平，伸張正義，到了宋朝，丐幫豎起來「扶宋抗金」的義旗，他們以民族大義為己任，成為武林泰斗。

但是歷史上真的有丐幫嗎？丐幫是怎樣形成的呢？

中國歷史上是有丐幫存在的，但是丐幫沒有金庸筆下的打狗棒法和降龍十八掌，但是丐幫作為一個嚴密的組織其勢力不可小覷。

從有關記載丐幫活動的史料上看，宋代確實有丐幫活動的蹤跡，在當時的大城市中，丐幫幫主的名稱「團頭」已經出現，在很多宋元時期的文獻及小說中就有乞丐「團頭」的故事。

宋元話本小說《金玉奴棒打薄情郎》講的是在杭州城裡的一

個乞丐頭金老大，拿著手中象徵領袖標示的棒子，統領全城的乞丐，他向乞丐們收取例錢，並為乞丐服務。書中有這樣的記述：「這般丐戶，小心低氣，服著團頭，與奴一般，不敢觸犯」。這說明在宋元時期，丐幫已然發展成一個組織嚴謹的社會團體了。

　　既然有丐幫的團頭即丐幫幫主，那麼丐幫自然存在。史料表明丐幫形成於兩宋時期，但學者發現丐幫的形成發展和古代的祕密會社的發展史有一定的相似性。而宋代丐幫的規模還具有一定的地域性。

　　丐幫大量湧現，組織更為嚴密大概出現在清末民初，當時的丐幫遍布每個地方，只要是稍微大一點的城市都有相應的乞丐組織。比如北京的丐幫分為「藍桿子」、「黃桿子」。「黃桿子」是由落魄的八旗子弟組成的，是比較高級的丐幫。「藍桿子」則是普通乞丐組成的乞丐組織。按今天的話說就是，一個是落魄的白領，一個是窮苦的藍領。當時各地的丐幫名稱不一，湖北有「籮筐會」、江西有「邊錢會」，江西、福建、浙江交接的地方有「花子會」、「食巴會」等。

　　丐幫的形成和發展與各個時期的政治安定、經濟發展情況是緊密聯繫在一起的。在封建社會，百姓沒有土地就有淪落為乞丐的可能。乞丐的規模可想而知，如不建立一個自律與保護的組織，那麼日久真成了「朱門酒肉臭，路有凍死骨」。因此丐幫規模的每一次壯大和發展必然是當時政治社會狀況的反映。

魯班就是公輸班嗎

　　魯班之名耳熟能詳，俗語經常說「班門弄斧」，「班」就是指魯班，他生活在春秋戰國時期，出身於工匠世家，從小就參加社會勞動逐漸掌握了許多土木建築工程方面的方法和經驗。

　　他還是我國古代最傑出的土木建築工匠、著名的發明家，長期以來受到勞動人民的尊敬，就連現在從事工匠的人都把魯班尊為「匠師之祖」。東漢史學家班固的《漢書》之〈古今人表〉中的人物排位：孔子—魯班—墨子，從這個排位足見人們對魯班的尊崇之情。另外大陸設的「魯班獎」就是國內建築行業工程質量方面的最高榮譽獎。

　　從文獻資料裡我們找不到在魯班生活的那個年代對他有「魯班」這個稱謂，而歷史記載的只有公輸般，魯班的稱謂是後來人對公輸般事蹟的探索研究而得出的稱謂。從縱向時間的對比上我們可以發現，大多史料都有公輸子、公輸般、公輸盤等稱謂，而我們經常用的魯班的稱謂卻是在先秦以後的文獻中才能找到的。因此就關於魯班和公輸班是否是同一個人產生了兩種相異的看法：

魯班

第一種說法也是我們今天沿用的說法，即認為魯班和公輸班是同一個人。

東漢經濟學家趙岐在其《孟子章句》中有這樣的註解：「公輸子魯班，魯之巧人也」。東漢高誘的《孝經注》《戰國策注》《淮南子注》《呂氏春秋注》等認為公輸班是魯班的號。清代劉獻廷筆記《廣陽雜記》中這樣寫道「世盡以公輸、魯班為一人」。《先秦文學史參考資料》有這個的註解：公輸盤，是戰國時期的著名工匠，另一個名字叫魯班。盤在古代的有「般」的寫法，也就是說在古代「盤」和「般」是通用的，古人有同音字假借的習慣因此後世稱魯班也不足為奇。另外《魯班經》記載：「師諱班，姓公輸」。

《辭源》對魯班的解釋也是魯班即魯般；魯般見公輸般；《辭海》對魯班的解釋是：魯班，春秋之巧匠。班，亦作般。以上都可以說明魯班和公輸般其實是一個人的不同稱謂而已。

第二種說法：公輸般和魯班不是同一個人。從《禮記‧檀弓》中記載，「季康子之母死，公輸若方小。斂，般請以機封……」其中提到的季康子和孔子都是生活在春秋年代，那麼公輸般自然也應是同一個年代的人。如果這個推論成立，那麼《墨子‧公輸》及《戰國策‧宋衛》所提到的公輸般在時間上不符。這樣很多學者認為公輸般和魯班其實是兩個不同的人。

我們從魯班的成就可以看出魯班是一個優秀勞動人民的代表，他一生涉足多個行業、不同學科，並在這些行業都有很多重要的發明和創造，最早並未有魯班這個稱呼，而真實的稱謂其實是公輸般，之所以出現魯班這個稱呼，其實來源於民間百姓流傳演義，卻是同一個人的不同稱謂。

為什麼說墨子是古代黑幫頭目

墨子，魯國人，戰國時期著名的思想家、教育家、軍事家、社會活動家，墨家學派的創始人。

墨子的活動概括起來就是傳道、授業、解惑。為了宣傳他的思想和主張，墨子廣招學徒，並建立了一個組織稱作墨家。墨家是一個有著嚴密紀律和組織的團體，最高領袖即老大的稱作「巨子」，所有的墨家成員都是「墨者」，墨者必須服從巨子的指揮。為了達到目的完全可以捨身成仁。

按照當時的說法就是「赴湯蹈火，死不旋踵」。從墨家的這些紀律可以看出其完全有黑社會組織的特徵，但是墨子的「黑社會組織」幹的不是殺人越貨的勾當，相反他們提倡愛，不光是愛還要兼愛。而且墨子最初的目的就是要消滅戰爭。

墨家這個社會組織具備這樣的特徵：一是墨家形成了比較穩定的組織，而且人數較多，有明確的組織者、領導者（巨子），骨幹成員基本固定（親信弟子達到數百人之多）。二是墨家有組織地通過各種方式獲取經濟利益，具有一定的經濟實力，支持該組織的運行。

墨子將所有的墨者培養成技術精湛的工人，他們小到做家具，大到搞建築，都是專業人士，而且收費便宜，童叟無欺，於是墨者成為當時受百姓歡迎的手工業者。

他們還製造武器，但是這些武器不賣給侵略的一方，只賣給

防守的一方。這與墨子兼愛、非攻的思想極為符合。上述墨者自力更生的社會勞動活動獲得了大筆經費，使得墨家的活動在經濟上得到了保障。

墨家在鼎盛的時候就有墨者達千餘人之多，其在戰國的影響力可見一斑。墨家要求每位墨者都要有一技之長，他們平時要是有買賣就去做，如果沒有他們就聚在一起搞一些技能訓練，以備不時之需。墨者大都來自社會下層，他們「串足胼胝，面目黧黑」，如果有弱國遭遇攻打，百姓有難，他們就前往救苦救難，當時的墨家成為弱國和弱者的保護神。

「興天下之利，除天下之害」——墨子

這句話的意思是說，對天下有利的事情，墨家是支持發揚的；對天下有害的事情，墨家是堅決反對的，而且是一定要消滅的。這就說明墨子建立的這個組織是以拯救黎民蒼生為己任的。他們理想人人兼愛，人人非攻，只有這樣才能換來和平。也就是「若使天下兼相愛，愛人若愛其身，猶有不孝者？」

今天我們從墨子的思想中，還可以看到其樸素的江湖道義，「無言而不信，不德而不報，投我以桃，報之以李。」意思是說，沒有什麼話不答應，沒有什麼恩德不報答，你投我桃子，我用李子回報。

墨子在戰國那樣一個亂世宣揚兼愛、非攻的思想，還創立了宣揚和維護這種理想的組織，我們從他的思想裡可以看出其類似於「黑社會」的組織機構和江湖道義。也許墨子是中國古代最早的「黑社會」老大。

陳勝、吳廣並非貧農出身

在我們所接受的歷史知識中，陳勝、吳廣領導的起義被稱為「中國歷史上第一次大規模的農民起義」。他們揭竿而起，點燃了人們心中抗秦的怒火，一時間「雲集響應」，最終推倒了秦王朝的「大廈」。

他們是率先舉起反秦大旗的功臣，至於他們的身分，自然也是處於秦王朝最底層的貧苦農民了。

原因在於司馬遷在《史記》中寫的兩句話：一是「陳涉少時嘗與人傭耕」，還發出了「苟富貴，毋相忘」的自我寬慰與愁嘆。二是「二世元年七月，發閭左謫戍漁陽，九百人屯大澤鄉，陳勝吳廣皆次當行」。

秦時的閭左住的是貧民，閭右住的是富人。古時有「凡層以富為右，貧弱為左」的說法。「屯長」一詞很關鍵，從此詞可以推測出陳勝與吳廣當時的身分和地位。

《正韻》說：「勒兵而守曰屯。」《陳勝傳》注：「人所聚曰屯，其為長，帥也。」即一屯之主將或統帥，是秦代軍隊中的下級軍官，屬於秦二十級爵位中的第五級爵位大夫，職俸是二百石，是僅次於縣尉的帶兵幹部，這樣看來，這個「屯長」絕不是一般貧苦農民可以擔任的。

在秦代，當官為吏必須有爵位，秦律法，基層官吏是由豪帥擔任的，不會隨隨便便從閭左貧民中隨意挑出充任，一般貧民也

沒有資格任任何官職。陳勝、吳廣被任命為屯長，說明他們要麼是地方豪強，要麼是有爵位的人。

在《史記》的一些細微之處，也透露出了陳勝、吳廣與普通農民間巨大的身分差別，起義前，陳勝的第一句話是「公等遇雨……」這個「公」字，在古文中對自己來說是一個謙詞，表示對別人的敬重，「等」字則點明瞭人數較多。同時它還表明了陳勝與他的對話者的身分是根本不同的。

接下來「藉弟令毋斬……」中的「藉」字的含義，應與今天我們常用的「即使」、「即令」相通，有表示退讓的意思；而「弟」字則更是在眾人面前對自己的謙稱，從而說明陳勝的身分與戍邊農民是有區別的。

這段話的完整的意思應該是：諸位遇到天降大雨，戍邊已經失期，按法律都得殺頭，即使兄弟我下令不斬，你們的前途也十分悲慘，因為戍邊的死者佔十分之六、七……

「藉弟令毋斬」中的「令」字，沒有一定權勢是說不出來的，更何況還是「令毋斬」！

從中我們可以梳理出他們的人生軌跡：城邑平民出身，有冠還有字（劉邦當時便沒有字），有特殊背景，掌握著九百名戍邊農民的命運，絕非無地、無宅、無地位的貧苦農民這樣簡單。

華佗國籍之謎

　　華佗，字元化，沛國譙縣（今安徽亳縣）人。史載他生於公元108年，卒於公元208年，享年近一百歲。

　　他是古代著名的醫學家，精通內科、針灸和外科手術，併發明了一種麻醉藥劑「麻沸散」。還模仿虎、鹿、熊、猿、鳥的動作，創造了健身操──五禽戲。

　　因為他醫術高超，所以千百年來，他一直深受人們的崇敬和愛戴的大師級人物。

　　然而，國學大師陳寅恪宣稱：華佗並不是中國人！陳寅恪一生以「治學嚴謹」著稱，他的證據主要為以下兩點。

　　第一，他認為，天竺語（即印度梵語）「agada」是藥的意思，舊譯為「阿伽陀」或「阿羯陀」，為內典中常見之語。「華佗」二字古音與「gada」相適應。「阿伽陀」省去「阿」字者，就好比「阿羅漢」可以省略僅稱「羅漢」一樣。華佗的本名為「敷」而非「佗」，當時民間把華佗比附印度神話故事，因稱他為「華佗」，實以「藥神」視之。他的意思很明顯，「華佗」這個字和音的來源來自印度神話，是當時中國的好事者將印度神話在民間傳播，以致最後被陳壽等拿到了中國的歷史

華佗

之中。其實，華佗的真名應該叫「元化」和「敷」。

第二，他認為，華佗的原型可能曾在中國存在，也可能真是沛國譙縣一帶人，甚至也有可能「通曉」一些養生之術。但此人後來變成了「華佗」則完全是將印度之「佗」（藥王神）強加給了這位中國人。這位中國人搭上了順風車，成了人們敬仰的神祕人物。

陳壽的《三國志》記載，華佗治病時，會對不同的病症施以不同的治療，比如病人必須動手術的，便讓他服下麻沸散，然後再破腹取出患結。病患如果是在腸子裡，就切開腸子進行治療，再把腹部縫合，在傷口敷上藥膏，四五天後傷口便痊愈了，不再疼痛，病人自己也沒有感覺，一個月左右，傷口就會完全長好。這個故事其實來自於耆域治拘閃彌長者兒子的病。

又如，華佗治廣陵太守陳登的病時，他讓陳登服了兩升湯藥，吐出了大約三升蟲，蟲被吐出體外時，它們紅色的頭還在蠕動，半截身子像是生魚片。這個故事其實和神醫耆域的故事也有類似之處。

而日本學者松木明知則是認為，「華佗」二字是波斯文「XWadag」的諧音，其含義為主或神。所以華佗不是人名，而是主君、閣下、先生的意思，引申到華佗個人的職業應是「精於醫術的先生」之義。同時，他指出，波斯（古稱安息，今之伊朗）國人經「絲綢之路」而東漸，華佗即經此路而遊學徐土（今徐州）的波斯人。波斯人經絲綢之路入中原有據可依。根據這些，松木明知先生斷言：華佗是由絲綢之路過來，遊學徐土（今徐州）的波斯人士。

關於華佗的身世眾說紛紜，但他是中國歷史上被神化、被理想化的神醫，這一點是沒錯的。

蔡倫自殺的真相

　　蔡倫，我國古代四大發明之首造紙術的締造者。在「影響人類歷史進程的100名人」中，蔡倫位列第七。但是很少有人知道這位天才發明家的人生軌跡，而他的結局也不為人們所熟悉。

　　蔡倫在永平末年被選中入宮做太監，年僅13歲。蔡倫雖說年幼但是卻很早熟，他自從進宮那天其就處處小心、事事留意，因此深得內務總管的賞識。第二年他便升為小黃門，不久，蔡倫又被提拔為黃門侍郎，其重要工作就是負責宮裡宮外諸事的傳達及引導、安排朝見皇帝的人就坐等工作。這個工作的好處就是他能經常接觸王公大臣及後宮嬪妃。久而久之，他就無緣無故地捲入了後宮的明爭暗鬥。

　　在封建社會後宮，你要想不至於失落必須明白一個道理：「母以子貴、子以母貴」，而且兩者是相輔相成的。漢章帝的皇后竇氏因為不能生育，所以凡是有嬪妃生了皇種，她就極為嫉妒，暗地裡要想法設法將這些嬪妃打倒，以維護自己的地位。

　　蔡倫迫於竇皇后的淫威成了幫凶，為了殺一儆百，她第一個下手的就是太子劉慶的母親宋貴人，於是就指示蔡倫誣陷宋貴人通過一些邪門歪道蠱惑皇帝，於是宋貴人被貶黜，根據宮廷母子關係，太子劉慶被廢為清河王；後來又威逼梁貴人，把尚在襁褓中的劉肇認作自己的兒子，並讓皇帝立劉肇為太子。

　　蔡倫因為協助竇皇后拔掉了其「眼中釘、肉中刺」，當然她

很感激蔡倫，於是蔡倫加官晉爵不在話下。尤其在公元88年，章帝駕崩，10歲的劉肇順理成章地即位了，竇太后垂簾聽政，獨攬大權。蔡倫被委以重任負責陪伴小皇帝，必要時還可以參與國家大事。

10年之後，竇太后去世，蔡倫敏銳地投靠了他的新主子——劉肇的皇后鄧綏。由於鄧皇后是一個喜歡吟詩作賦的才女，因此她需要一個比帛紙質地好的東西來寫字作畫。蔡倫知道自己的機會來了，他在總結先人造紙經驗的基礎上，自己再加以改進終於發明了造紙術，受到皇后等的高度讚揚。

就在蔡倫還沈浸在自己發明的喜悅當中，一個消息傳來，漢和帝劉肇英年早逝，留下鄧皇后和不滿兩歲的幼帝。禍不單行，鄧皇后的幼帝不幸夭折，國不可一日無主，在精挑細選之後，鄧太后決定立自己的皇侄子劉祜為太子，雖然劉祜是「瞎子的眼睛——擺設」，因為鄧太后仍握有實權，但這個消息也著實把蔡倫嚇了個半死，因為劉祜就是當年被竇太后和蔡倫陷害的清河王劉慶的兒子、宋貴人的孫子。

由於鄧太后寵，蔡倫仍過著一人之下萬人之上的日子，他還被封為「龍亭侯」，他發明的紙就是「蔡侯紙」，可見當時的蔡倫是多麼的風光，鄧太后還給他一個官職：長樂太僕。這個官職的意思就是說在太后無暇處理公務的時候，蔡倫可以合法地代為其處理。所謂「日中則移，月滿則虧」，就在他權傾朝野的時候，一個對蔡倫來講絕對是地震式的噩耗傳來，鄧太后病卒。

安帝劉祜即位的第一件事就是反攻倒算，為自己的父親還有奶奶出口惡氣，主謀竇太后早已不在人世，那麼這筆債總得有人來償還，於是蔡倫就被革職查辦。蔡倫深知死罪難免，為了體面地死去，他選擇了服毒自盡。

被誤讀的隋唐英雄

隋末唐初是一個群雄逐鹿、英雄輩出的亂世，而《隋唐演義》正是給我們描繪了這一時期一群英雄好漢如何為了一個共同的目標，推翻煬帝暴政。隋唐演義中的大部分英雄人物在歷史中都有原型，但是有些人物卻不是「演義」中所描繪的那樣，也就是說有些人物在我們固有的認識裡出現了誤讀的現象。

李元霸，歷史上並沒有那個打遍天下無敵手的李元霸，李元霸的形象來自李淵的第三子李玄霸，16歲便英年早逝，所以演義中對李元霸英雄形象的描繪是不符合歷史真實的。

柴紹，出身將門之家。從《舊唐書‧柴紹列傳》中我們可以得知，柴紹年少時便「矯捷有勇力」，可見其並不是「演義」裡那個文弱書生的形象，他是大唐的開國功臣，為打下和穩固李氏江山立下了汗馬功勞，但是在唐高宗李治三年，因其參與謀反被賜死。

楊林，歷史原型是楊堅（即隋文帝）的異母兄弟楊爽，楊爽長得很俊美，儀表非凡。此人亦有為將之才，可是不幸25歲便英年早逝。並不是「演義」裡那個垂垂老矣仍統領大隋天下兵馬，鞠躬盡瘁死而已的靠山王。

蘇定方，年少時便跟隨其父保護鄉里，阻殺流寇，深得百姓愛戴，後來到貞觀年間，蘇定方被任命為匡道府折衝，後先後跟隨李靖、程名振、程知節等大唐名將南征北戰，屢立戰功，是一

位名副其實的常勝將軍，官拜左武衛大將軍，76歲病逝。

當唐高宗知道蘇定方逝世後不無感嘆地說：「蘇定方於國有功，例合褒贈，卿等不言，遂使哀榮未及。興言及此，不覺嗟悼。」而「演義」中對蘇定方卻是一個陰險奸詐的鼠輩，曾設計陷害羅藝父子，後被羅氏後人所殺，顯然與歷史不符。

羅成，歷史上並沒有關於羅成事蹟的記載，而人們對於羅成的理解大部分是參照羅世信。據《新唐書‧忠義傳‧羅士信》：開始的時候，羅世信和裴仁基歸降李密，又跟隨過王世充一段時間，後來不齒於王世充的為人就投靠了李淵，後因征討劉黑闥，守衛洛水城，不料天降大雪，孤軍奮戰，被亂箭射死，死時年僅28歲，這一點正符合了「演義」中羅成的角色。

也有明代諸聖臨的《大唐秦王詞話》中有這麼一段：「吾乃姓羅名成，字士信」；另外京劇《羅成‧羅成叫關》有這麼一句唱段：「黑夜裡悶壞了羅士信，西北風吹得我透甲寒」，這也印證了羅世信當時戰死的狀況。可見羅成的歷史原型很有可能是羅世信。

隋唐演義中的英雄人物快意恩仇，馳騁疆場，可謂個個英雄豪傑，但是歷史的真實卻不能給人們以誤導，民間傳說和歷史故事終究只是故事。

黃巢是怎麼死的

「待到秋來九月八，我花開後百花殺。沖天香陣透長安，滿城盡帶黃金甲。」這是黃巢率領幾十萬農民起義軍圍困長安時詩興大發，借詠嘆菊花來形容勢不可擋的義軍力量。透過那盛開的黃色菊花，彷彿讓人看到那威武雄壯的黃金鐵甲軍，即將攻破長安的磅礡氣勢。

英雄不問出處，誰能想到一個販鹽的低賤之人，僅用五年的時間就把唐僖宗趕出了長安，這個出身下層的人打著救民於水火的旗號卻在還沒有鞏固新生政權的基礎上，就開始做了一件愚蠢的事情，那就是宣布稱帝，他沈醉在大明宮春風得意、煙花繚繞的美酒當中卻渾然不覺唐朝的軍隊已經悄然逼近了他，倉促應戰結果可想而知，他帶著殘兵敗將逃到了山東，自此沒有任何音訊，但是他如何終老卻是一個千古之謎。

在唐朝歷史關於黃巢的記述卻出現兩種截然不同的說法，一個是被殺另一個是自殺。顯然這兩種說法其中必有一個是假的。

據《舊唐書‧黃巢傳》中有關黃巢死因的記述是這樣的：「巢將林言斬巢及二弟鄴、揆等七人首，並妻子皆送徐州。」也就是說是在黃巢兵敗後看到生還無望，便讓他的外甥林言把自己殺掉。同時這樣記載的史書還有《資治通鑑》《桂苑筆耕錄》《北夢瑣言》。林言是黃巢身邊的禁衛隊首領，他是黃巢最親密的人，從基本事實上看，林言拿著黃巢的首級去投唐，這是一個

事實，其中又有怎樣的故事卻不為人知。如果並不是林言殺的黃巢，那麼林言卻沈甸甸地背了賣主求榮的千古罵名。

而《新唐書》對於黃巢的死卻是這樣記載的，在黃巢兵敗狼虎谷後，他見大勢已去，生還無望，為了保存反唐血脈，他讓自己的外甥林言拿著自己的首級去投唐，但是林言不忍心殺掉自己的舅舅，於是黃巢自刎卻沒有死，林言隨後就斬下黃巢的首級去

黃巢起義軍進入長安

降唐軍，不料中途遇到沙陀人，沙陀人求功心切遂將林言也殺了，將兩人的首級一同獻給唐軍。

《新唐書》成書於北宋年間，但是有關唐史在五代後晉時就有官修的唐史，後世為了區別兩者，遂把五代時期的《唐書》稱為舊唐書，而把北宋歐陽修主持修編的唐史稱為《新唐書》，但是由於成書時間的差異以及時代背景的不同，舊唐書成書於亂世，成書倉促，書中大有疏漏之處，而歐陽修主持修編的《新唐書》，不僅內容豐富而且對於史料的蒐集也是極為全面的，新唐書秉承春秋的筆法寫史，因此研究歷史的人大都會參考《新唐書》的相關記載。

歷史往往在探索中發現，在發現中我們有時會無意中得到歷史的本來面目，從敦煌莫高窟發現的敦煌文書中有一部《肅州報告黃巢戰敗等情況殘卷》，裡面有這樣的記載：「其草賊黃巢被尚讓殺卻，於西川進頭。」尚讓是何人？尚讓是黃巢起義軍的二號人物，其早年追隨王仙芝後投奔黃巢，黃巢在長安稱帝後任命的四個宰相當中就有尚讓。後來遇到唐軍反撲後，黃巢帶餘部到達今河南境內卻遭遇沙陀兵的突襲，傷亡無數急需救援，但是這時的尚讓卻背叛黃巢反投唐軍。那麼黃巢死於尚讓手下也不是沒有可能了。

有關黃巢的死牽扯到兩部正史的不同記載，但是《肅州報告黃巢戰敗等情況殘卷》裡有尚讓殺黃巢的記述，究竟哪個是歷史的本來面目，留待後人評判。

沈萬三的財富之謎

　　沈萬三是600多年前元末明初的江南首富，據說他的家產有「20億」，朱元璋在斥資修建當時世界上最大的城牆——南京城時，沈萬三就捐建了三分之一。富可敵國的他又有怎樣的發家歷程呢？

　　一、靠積累房產、田地。這個說法在沈萬三的孫子沈伯熙的墓誌銘裡可以得到一些證據，該墓誌銘上面寫著，「其先世以躬稼起家」。也就是說沈萬三是靠種田致富的。後來人們在引述「墓誌銘」記載的同時又根據一些雜乘筆記得出沈萬三開墾荒地，講究灌溉和施肥，由是致富。

　　但是真正把靠積累房產和田地發家的說法系統完善地提出來是在陳兆弘先生的《明初巨富沈萬三的致富與衰落》一文中，文章中就提出沈萬三「躬稼起家」又兼「好廣辟田宅，富累金玉」慢慢發展成「資巨方萬，田產編於天下」。也就是說沈萬三開始靠種地經營後來積累了很多房產和田地，這樣誕生一個超級巨富似乎與理不符。

　　二、沈萬三得到汾湖陸氏的巨資加上其善於經營管理的才能，以致成為江南首富。從《周莊鎮志》裡我們可以看到這樣的記述，「沈萬三秀之富得之於吳賈人陸氏。」亦有「元時富人陸道源，暮年對其治財者二人，以資產付之，其中一個人就有沈萬三。」

三、靠經商,主要是國際貿易。從《吳江縣誌》的記載裡可以看到,「沈萬三有宅在吳江二十九都周莊,富甲天下,相傳由通番而得。」這個說法也同時得到著名歷史學家吳晗的贊同,他說:「蘇州沈萬三一脈之所以發財,是由於做海外貿易。」

這裡面提到周莊,這個地方對沈萬三來說相當的重要,周莊是什麼地方?當時的周莊鎮大概就是今天的上海、蘇州、杭州之間。也就是說沈萬三走進周莊的目的,不是為了在這裡開拓土地而是想利用周莊天然的地理優勢來做生意。

還有一個有利條件就是在元代,政府鼓勵民間進行國際貿易。當時「聽海商貿易,歸徵其稅的政策」此前還頒布過政府出資挑選精明能幹之士進行海外貿易的有利政策。

明朝對沈萬三有「變為海賈,奔走徽、池、寧、太、常、鎮豪富間,輾轉貿易」的記述,就更能證明沈萬三棄農從商的從事國際貿易的說法。

以後的周莊就成了沈萬三發家致富的寶地,後人就有這樣的記述,「周莊由村落變為城鎮完全是沈萬三父子的功勞」。

三個說法不可以孤立開來,因為沈萬三致富的原因是三個方面相互聯繫的結果,沈萬三初期種地為生,田產有餘,這是他發家的基石。再加上得到汾湖陸氏巨資後,他有了人生的第一桶金,但是他並沒有就此滿足,而是不斷進取,棄農從商。他轉戰周莊成為其事業發展的轉折點,他把周莊作為自己進行商品貿易和流通的樞紐地進而不斷擴展,最終成為富甲天下的巨富。

王重陽為何穴居「活死人墓」

　　作為武俠人物，王重陽無疑是一個智義雙絕的英雄。他文武雙全，武功更是天下第一，他還是一個抗金義士，修建活死人墓內藏器甲糧草以圖抗金大業。

　　歷史上確有王重陽其人嗎？答案是肯定的。

　　王重陽，道教重要派別全真教的創始人。生於1112年，陝西咸陽大魏村人。王重陽出身豪門，原名王中孚，王重陽是入道以後的道號。他自幼飽讀詩書，20歲便參加科舉，由於冒犯先生，文舉失敗。他又改試武舉，結果以優異的成績獲得武舉第一名，但是分配給他的工作卻是一個收稅的小吏，王重陽憤然辭官，到終南山劉蔣村隱棲。

　　這個時期的王重陽空有一身的才華卻報國無門，終日沈醉。當時就有遁入空門的念頭，這也為後來創立全真教埋下了伏筆。

　　《道教史》記載，公元1159年王重陽在甘河鎮遇見呂洞賓，從此性情大變，與世隔絕，做了道士，道號王重陽，潛行修行數年，於公元1161年開始，在南時村挖了一個四米深的墓穴，這個墓就是「活死人墓」。王重陽在這裡一坐就是兩年。兩年後的一天，他突然走出墓穴，意氣風發，此時的王重陽，彷彿經歷了由生到死，又由死到生的劫難，脫胎換骨，渾身散發著仙氣，有詩為證：

活死人兮活死人，死中得活是良因。

墓中閒寂真虛靜，割斷凡間世上塵。

　　另外一個說法對王重陽為何穴居活死人墓的原因進行了這樣
的解釋是：王重陽生逢亂世，當時國家衰亡，金人大舉南侵，百
姓流離失所，民不聊生。這時候的王重陽欲報國於沙場、救萬民
於水火。但是南宋的腐敗，統治者苟且偏安一隅，棄北方同胞於
水火，王重陽組織義軍抗金保家，但終歸勢單力薄，抗金失敗
後，王重陽掘地穴居，住進活死人墓，以求在精神上給自己以解
脫。七年後，他走出活死人墓，開始自己的傳教生涯。

　　王重陽穴居活死人墓的原因有二：一是閉關修行，了悟生
死；二是抗金失敗，躲避戰亂。

　　抗金失敗緣何能在活死人墓穴居七年？覆巢之下安有完卵，
抗金失敗後，金人必定殺一儆百，既然帶領義軍抗擊過金人，要
想苟且偷安，談何容易？第一種說法其實比較可信，據說王重陽
在活死人墓前豎起一個碑文：王害瘋（王自稱瘋子）靈位。這也
許是其躲避戰亂的一個方法。

　　兩種說法其實有一個共同點那就是，王重陽後來走出活死人
墓進行傳教。我們能否從王重陽後期的活動和思想來判斷王重陽
穴居活死人墓的原因呢？

　　王重陽創立全真教的思想源泉是三教同源，三教就是儒、
佛、道。他還規勸人們讀諸如《般若心經》《孝經》，還有就是
禁止殺生、偷盜，這些思想完全不是一個曾經抗金義士的思想，
縱觀王重陽後期的思想，我們也無法找到其曾經作為抗金義士的
任何線索，也許在經歷了活死人墓的修行後，王重陽的確大澈大
悟，專心傳教佈道，成為道教的北五祖之一。

郭靖和蒙古軍西征的歷史真實

　　《射雕英雄傳》有蒙古大軍西征花剌子模的故事。而郭靖也參與了這一場戰爭，其中記憶猶新的是黃蓉暗中相助他用《武穆遺書》多次化險為夷，最終幫助郭靖的蒙古軍打敗了花剌子模，郭靖用成吉思汗的賞賜換了城中百姓的性命。小說對戰爭場面的描寫似乎和蒙古軍西征頗為相似，但是真實的歷史還是金庸筆下的虛構故事？而成吉思汗率蒙古軍西征的情況又是什麼樣子呢？

　　經過對歷史的考證，有關蒙古軍西征的情況確實是存在的，只不過在金庸的小說裡加入了諸多武俠的成分，單純從故事性上講《神雕英雄傳》對蒙古軍西征的描寫可謂波瀾壯闊。

一、蒙古軍西征

　　成吉思汗先後統一了草原各部落，蒙古部族的勢力因此得以壯大。在滅掉遼後，蒙古國的國土已經和中亞的花剌子模接壤了。「花國」是個貿易大國，因此漸漸地和蒙古也開始貿易。

　　「花國」的商人們帶來了大量的奇珍異品，這些商品引起了蒙古貴族強烈的好奇心，成吉思汗為了保護兩國的貿易不受阻撓還曾下令沿途設立驛站保護「花國」商人及雙方的貿易。後來成吉思汗派出一個龐大的商隊，帶著大批貴重物品準備到「花國」進行貿易。

　　但是當商隊到達「花國」邊境城市後，守城的將士對蒙古商隊帶來的貴重貨物產生了覬覦之心，他們污蔑商隊是間諜組織，

遂洗劫了商隊所有貨物，並殺害了所有隨行人員。成吉思汗知道這件事後立即要求花剌子王摩訶末交出殺人元兇及返還所有貨物，但遭到了對方的拒絕，成吉思汗遂下定決心要西征「花國」。

1219年，成吉思汗親率大軍20萬西征花剌子模。由於對方城池堅固，攻城未能順利進行。雙方鏖戰長達半年多，終於在1220年，成吉思汗的蒙古大軍三面包圍了花剌子模的軍事重鎮不花剌，經過三天的圍攻，不花剌城宣告投降，為了死去的將士，蒙古軍下令搶光城裡所有的財物並燒掉不花剌。

二、歷史上的郭靖並沒有參加蒙古軍的西征

《射雕英雄傳》有關蒙古軍西征的場面敘述是有事實依據的。但有關郭靖參與西征卻純屬虛構。歷史上確實有郭靖這個人。根據《宋史‧忠義傳四‧郭靖》記載，郭靖原是四川嘉陵江地區一個地主的護衛隊首領。1207年，當地官員紛紛歸降金國，覆巢之下安有完卵，郭靖帶著不願降金的百姓準備遷徙，而當地投降的宋朝官員卻派兵來阻攔百姓遷徙，郭靖感嘆國家衰亡、百姓流離失所，自己堂堂男兒卻不能以死報國，有何面目苟活於世呢，便投江自盡了。

郭靖大義凜然、視死如歸的形象在小說中也有體現，但是這個人物死得太早，在他死了十幾年後成吉思汗才親率蒙古軍西征花剌子模。

因此，歷史上的郭靖並沒有《射雕英雄傳》裡那樣威風八面，在成吉思汗西征立下汗馬功勞也是沒有的事。至於黃蓉這號人物完全是作者虛構的角色，是為了小說整體的構思而設計的一個鮮活的女性人物。

武松從未到梁山

　　大家都知道，武松是個英雄，功夫也十分了得，他的故事至今讓人津津樂道，「赤手空拳打虎」，「醉打蔣門神」，「大鬧飛雲浦」等，每一個故事都膾炙人口，讓人拍手稱快。他的行俠仗義給人們留下了深刻的印象。

　　《水滸傳》是一部小說，所以大家可能會把武松當作小說中的人物，認為武松在現實生活中是不存在的，他的英雄事蹟是作者杜撰出來的。

　　其實不然，歷史上確實有武松這樣一個人，經歷史考證武松是今河北省邢台市清河縣王什莊人，生活在北宋年間，身懷武藝、有勇有謀，他是一個下層俠義之士，崇尚忠義、快意恩仇。他在小說中的事蹟卻是沒有的，但他的確是一個為民除害的英雄人物。

　　《臨安縣誌》《杭州府志》《浙江通志》等史籍中都有關於武松的記載：武松，原係浪跡江湖的賣藝人，「貌奇偉，嘗使技於湧金門外」，「非盜也」。杭州知府高權見武松武藝高強，人才出眾，就邀請他來知府當督頭。不久，因有功被提升為提轄，成為知府高權的得力助手。後來，因高權得罪權貴，被奸人誣陷而罷官。武松也因此受到牽連，被趕出衙門。

　　繼任的新知府是太師蔡京的兒子蔡鋆，是個大奸臣。他倚仗其父的權勢，在杭州為非作歹，橫行霸道，百姓怨聲載道，給他

起了個外號叫「蔡虎」。武松對這個「蔡虎」恨之入骨，決心拼上性命也要為民除害。

一日，他身藏利刃，藏在蔡府附近，等到「蔡虎」前呼後擁回來的時候，便箭一般地衝上前去，向蔡鋆猛刺數刀，當即結果了這個壞蛋的性命。官兵蜂擁前來圍住武松，武松終因寡不敵眾被官兵捕獲，後慘遭重刑死於獄中。

從這裡可以得知，武松除害後在獄中「遭重刑」而死，並沒有上梁山。

杭州的老百姓「深感其德」，為了紀念這位好漢，將他葬於杭州北山街西泠橋畔，面對著秀麗的西湖。後人立碑，題曰「宋義士武松之墓」。

如此俠義之人自然成了小說家筆下完美英雄的化身，施耐庵通過藝術加工，將他塑造成了《水滸傳》中的武松的形象為人們所熟知。至於武松最後的結局，《水滸傳》也寫到他成了清忠祖師，得享天年，實在是一種符合老百姓心願的、美好的藝術處理方式。

為什麼李自成、洪秀全注定會失敗

「草根皇帝」不乏像劉邦、朱元璋這樣的成功人士，但也有李自成、洪秀全這樣的失敗者。他們有著大致相同的經歷和出身，也有著改變命運創造新生活的強烈願望，但是歷史的結果卻告訴我們，李自成、洪秀全失敗了，他們完全有機會成為新王朝的開拓者。但是為什麼在最接近成功的時候，他們卻走了另外一條路以至於功虧一簣，令人扼腕。

自我管理能力以及目標管理能力的缺乏使得他們很容易被眼前的成功衝昏頭腦，他們就這樣和即將到來的勝利擦肩而過，最終還是沒有改寫歷史。

一、李自成

我們可以從李自成進北京的做派可以看出，他已經忘記了自己放羊娃的出身。他已經不是那個「開城門，迎闖王，闖王來了不納糧」的闖王了。李自成的大部分部下都被勝利衝昏了頭腦，他們整日不是狎妓取樂便是做著新朝登基的春秋大夢。

危機就在身後，明朝的半壁江山還沒有打下來，當時的形勢還很複雜。其實李自成如果醒悟還有機會爭天下，因為他的制將軍李岩給他提了四條建議，這四條建議足以讓李闖王不至於功敗垂成。這四條建議分別是：

1. 是不要急於稱帝。

2. 是頒布的貪官追贓法令要嚴格按律執行，在政局還不夠穩定的時候尤其要嚴明法紀，對於實在貪污嚴重者可以殺，其餘都可以不予追究，對於那些清廉的官員更要在政策上保護，以爭取這部分人的支持。

3. 是嚴明軍紀，一切軍士均不得擾民，違令者，斬。

4. 是明朝各地握有軍隊的官員現處於觀望狀態，這個時候切不可興兵討伐，如若討伐必將陷大順於萬劫不復之境地。可以採取安撫的策略，賜侯封爵未嘗不可。

可是李自成偏偏沒有採納這四條建議，他正在享受復仇所帶來的快感以及追贓帶來的巨額財富的狂喜之中。李自成入京不足一月便被迫出走，一場浩浩蕩蕩的農民起義就這樣結束了。

二、洪秀全

二百年之後太平天國運動的領袖洪秀全的情況幾乎和李自成一樣，他在打到南京的時候就開始做起皇帝夢，他還是第一個還沒有將對手打倒就開始做皇帝、甚至其奢靡程度大於皇帝的人。

洪秀全是一個眼光短淺、胸無大志而且荒淫無道的人。他在攻佔南京後便想偏安一隅做一個太平皇帝。加之內部矛盾一直沒有得到適當的解決，自上而下革命鬥志的消亡，使得太平天國運動曇花一現，終歸失敗。

從李自成和洪秀全身上，我們看到了他們其實有機會成為歷史的改寫者，但是在最關鍵的時刻，他們缺乏一個開國君主所必須具備的管理能力，即自我管理能力和目標管理能力。

周文王可以平靜地等待機會的出現；劉邦在看到咸陽宮時，他完全可以據為己有，但是他選擇了離開；唐朝開國之前，李淵

父子始終封隋煬帝的兒子為隋帝……

這些很簡單的細節卻決定了一件大事的成功與否。創業難，守業更難。只有懂得管理自己以及懂得管理目標的統治者才可能成為王朝的統治者。

在失敗和成功之間，我們發現：成功建立王朝的統治者，他們關注的是持續不變的形勢以及在面臨不同形勢時所作的戰略目標，他們始終警惕自己不要被路上的東西迷惑，要披荊斬棘，一直朝著自己預定的目標前進，只有這樣才會成為王朝鬥爭的勝利者。而那些失敗的人恰恰是忘記了制定這樣的目標或者乾脆就沒有這樣的目標。

李自成歸宿之謎

　　李自成，陝西米脂縣人。明末著名的農民起義領袖。他提出「均田免賦」的口號，獲得了中下層貧苦農民的大力支持，當時的人們唱著「迎闖王、不納糧」的歌謠，部隊發展迅速，不久便攻破北京城推翻了明王朝，但是由於起義軍對當時形勢的錯誤估計以及被勝利衝昏了頭腦，李自成入京不足一月便被迫出走，一場浩浩蕩蕩的農民起義就這樣結束了。

　　兵敗後李自成帶餘部南撤，途中遭遇圍追堵截、屢戰屢敗，之後闖王不知所蹤，成為歷史之謎。

　　一、客死九宮山。

　　這個說法來自當時清朝名將愛新覺羅·阿濟格，他也是在山海關大破李自成農民軍的重要將領之一，他對李自成如何殉難是這樣解釋的：「李自成竄走時，隨身只有士兵20人左右，在九宮山被山民圍困，不能逃脫，然後自縊而死。」李自成從小貧苦出身而且勇猛有膽略不可能自殺。況且阿濟格並非親眼所見而是聽部下傳言，不足為信。

李自成

　　據明末清初詩人吳偉業的《綏寇

紀略》中有關於李自成兵敗九宮山的記述：「至九宮山，獨自上山謁元帝廟，當地山民誤以為是盜賊首領『碎其首』而亡。」

而費密的《荒書》記述：「李自成率十八騎，由通山過九宮山嶺」被山民圍攻，十八騎被殺，李自成和山民程九伯搏鬥，不慎被程九伯外甥金某從背後襲擊致死。

二、夾山靈泉寺隱匿。

澧州知州何璘首先否定了清廷關於李自成死於九宮山的說法，他認為那只是李自成的障眼法而已，他在《李自成傳》中稱，兵敗後李自成逃到夾山削髮為僧，法名奉天玉和尚（因為李自成曾號稱自己是奉天倡義大元帥）。

而且何璘還去實地考察過，他說他見到一個操著陝西方言自稱曾經服侍過奉天玉和尚的老頭，而且他還有奉天玉和尚的畫像，據說畫上的和尚與當時史書上闖王的模樣極為相似。在奉天玉和尚的墓葬中發現的很多遺物以及《塔銘》都與何璘記述寺內的遺物及皇室玉器極為吻合，而且從夾山寺的密道裡發現了只有君王才能使用到的石雕龜形敕印，這似乎在向研究者說明這個奉天玉和尚就是李自成。

總之，李自成作為一代農民起義領袖，他不甘忍受腐朽王朝的壓迫，經過艱苦卓絕的鬥爭終於推翻了腐朽的明王朝，其實李自成有機會成為歷史的改寫者，但是在最關鍵的時刻卻倒在了滿人的腳下，由於我們歷史遵守「成王敗寇」的準則，關於李自成起義的很多文獻資料都不知所蹤，所以我們不能真實地了解當時的情況，進而對這位起義領袖的歸宿也不得而知，因此關於李自成失敗後的結局成為一個歷史疑案，有待後人評說。

現實中的黃飛鴻功夫有多高

影視作品中的黃飛鴻不僅英俊瀟灑，武藝精湛，而且鋤強扶弱，疾惡如仇，外加他武德高尚，成為人們爭相崇拜的偶像。

那麼真實的黃飛鴻，武功到底有多高，他是怎樣的一個人？

黃飛鴻，1847年出生於廣東佛山，他是嶺南武術界的一代宗師，也是濟世為懷的名醫。

黃飛鴻的父親黃麒英是佛山武術十大高手之一，但是由於窮困潦倒經常以賣藝為生，他深感這種賣藝生活的艱辛，所以絕不讓兒子也成為一介武夫。他想讓黃飛鴻走仕途之路，考取功名，光宗耀祖。但是他萬萬沒有想到黃飛鴻的心思根本不在學堂，他早已經找到自己日後要走的路，那就是習武。

黃麒英沒有辦法，就只好開始傳授兒子武藝，但是他驚奇地發現兒子天賦過人，而且悟性很高，還會融會貫通。七、八歲時，黃飛鴻就開始跟著父親賣藝了。到了十二、三歲的時候，黃飛鴻已經在佛山小有名氣了。

一、成名作：戰敗武林前輩鄭大雄

要說佛山是武術之鄉，街上賣藝的人確實不少，當時有位前輩鄭大雄，在佛山也是赫赫有名，他擅長左手釣魚棍法，於是擺下擂台邀武術界的朋友們來切磋，但是好幾天沒有人能夠打敗他。黃飛鴻初生牛犢不怕虎，跳上台來請求比武，圍觀的人都為黃飛鴻叫好，鄭大雄這才知道這個乳臭未乾的少年是黃麒英的兒

子，他接受了挑戰，但是對方畢竟是少年，他就有意讓著黃飛鴻，黃飛鴻覺察出來要求鄭大雄使出全部招數，鄭大雄心想好大的口氣，今天不給你點顏色看看，以後怎麼在佛山立足，但是兩人你來我往，幾十回合下來，黃飛鴻以微弱的優勢戰勝了鄭大雄。從此黃飛鴻名聲大振。

二、黃飛鴻的第二位師傅：鐵橋三

這位鐵橋三是「廣東十虎」之一，此人武藝高強，少年時曾追隨過洪拳巨子、福建莆田少林寺覺因和尚為師。鐵橋三把畢生絕學「鐵線拳」和「飛砣技」傳給了黃飛鴻。從此，黃飛鴻的武功更上一層樓，就連其父黃麒英也不是他的對手了。

16歲黃飛鴻隻身來到廣州謀生，不巧遇見一夥強盜，黃飛鴻赤手空拳把十幾個歹徒打得落花流水，一時被傳為佳話，加之黃飛鴻素來謙和從不惹是生非，人們敬仰他的人品和武藝，就集資在廣州開了一家武館，招徒習武。

黃飛鴻的一生以武會友，結識了好多江湖豪傑，也學到了其他門派的武藝，相傳他的平生絕技有虎鶴雙形、鐵線拳、工字伏虎拳、雙飛砣、羅漢袍、單雙虎爪、羅漢金錢鏢等。

黃飛鴻的武功並不是我們在銀幕中看到的那樣戰無不勝，其實他在好幾次打抱不平中都寡不敵眾。

黃飛鴻縱橫江湖數十載，憑著出眾的智慧和絕技，成為名副其實的武術大師。武功高沒有智慧和武德充其量不過是一介武夫。但是黃飛鴻內外兼修，特別是他強調「習武德為先」。也許討論黃飛鴻武功到底有多高已經沒有什麼實際意義，重要的是我們知道他是一個崇尚武德的人。

李蓮英不是個壞太監

「事上以敬，事下以寬，如是有年，未嘗稍懈。」太監原本地位卑賤，然而李蓮英卻憑藉著自己的行為準則，活出了「大太監」的風範。

李蓮英生於1848年，他出生在河北鄉下的一個村子裡。相傳李蓮英在進宮當太監之前是在外面替人修皮鞋的，還有個綽號叫做「皮硝李」。清宮檔案中說他是在咸豐七年時被鄭親王端華府送進皇宮當太監的，那時的李蓮英正值少年。

說李蓮英是個好太監，其實就是講李蓮英在為人處世上的智慧和原則。

一、把握機會，善於討好

李蓮英進宮之後先是在奏事處當差，後來被調到景仁宮。當時清宮中有個叫沈蘭玉的太監，他可謂是李蓮英人生道路上的「啟蒙者」。為什麼這說呢？因為李蓮英正是由於沈蘭玉的指教，才有機會在慈禧太后面前一展風采，最終受到慈禧的寵愛。

相傳當時外邊流行著一種比較難梳的髮髻，宮裡的太監宮女們怎麼鼓搗都不像樣，偏偏又趕上慈禧太后非常喜歡。沈蘭玉將這個消息告知了李蓮英，並且還讓李蓮英把這個髮髻學得精通，這樣就能讓李蓮英到慈禧面前展示功夫了。

李蓮英聽了沈蘭玉的一席話後果然回去開始練怎樣梳髮髻去了，等完全掌握這門技術後，李蓮英便被推薦到慈禧太后的身

李蓮英

邊，將自己嫻熟的手法毫無保留地展示給了太后。太后大為歡心。

這就是李蓮英在清宮中得勢的第一步，之後他憑著自己的本事越來越受慈禧太后的鍾愛，簡直就成了太后肚子裡的蛔蟲。

《晚清宮廷生活見聞》中就有寫到太后是如何地跟李蓮英走得近，如何地聊得來。「蓮英啊！咱們遛彎去呀！」這可是慈禧太后的原話。

二、八面玲瓏，誰都不招惹

李蓮英不光是慈禧太后的親信，他在光緒皇帝面前也能得到幾分寵。相傳慈禧領著光緒帝逃出清宮後，到保定入住。等到夜裡太監們全都睡下後，李蓮英到光緒帝屋裡探望，結果卻見皇帝竟然沒有睡下。請了安之後問主子為何不睡，光緒帝直截了當地指著連被褥都沒有的床鋪給李蓮英看。李蓮英看到這情景後連忙下跪，抱著光緒帝的腿直哭喊：「奴才們罪該萬死！」

後來李蓮英就將自己的一床被子拿來給光緒帝蓋。光緒帝從小受到李蓮英的看護，又在落難之日得到了李蓮英的關愛，他對李蓮英想必也是有著感情的。光緒帝曾經就說過這樣的話：「若無李安達，我活不到今天。」李安達在滿文中的意思就是師傅。

三、為人低調，安分守己

太后身邊原本是由大太監安德海伺候的，但是由於安德海招搖過市，結果為自己招來了殺身之禍。從此以後便由李蓮英來服侍太后，相比於安德海，李蓮英可是低調多了。

光緒帝十二年，也就是1886年，李鴻章奏請朝廷派人察看他已經訓練成型的北洋水師。慈禧隨即派了欽差大臣醇親王前去，但是醇親王因自己是光緒帝的生父，害怕太后對自己起疑心，於是就向太后請奏，要求李蓮英一同隨行。這樣，醇親王為主，李蓮英為副，共同執行欽差大臣的任務去了。

　　李蓮英臨上路之前，特意將慈禧太后賜予自己的二品頂戴換成了太監的四品，因為朝廷中太監最高的品級也就是四品了。

　　由此可見李蓮英為人處世的謹慎。不僅如此，到了北洋水師的腹地時，李蓮英表現得更加出色，他不但不以欽差大臣自居，而且還主動充當著醇親王身邊的服侍者，將醇親王伺候的舒舒服服。等到回宮後，醇親王便在太后面前大加讚賞李蓮英的風範，慈禧太后也說：「總算我沒白疼他。」

　　李蓮英一生謹小慎微，慈禧太后過世之後他便收拾了行囊，離開了清宮。

　　1911年，維持了百年的大清王朝，終於在風雨搖擺之中徹底垮塌。同年，李蓮英去世。

義和團真的「刀槍不入」嗎

在19世紀的中國大地上發生了一場以「扶清滅洋」為口號的群眾運動，就是「義和團運動」，由於義和團運動主要由社會中下層的貧苦農民和手工業者組成，這使得他們沒有先進的思想武器，以至於他們把滅洋的希望寄託在刀槍不入的「神術」上面，希望借助這種力量來抵禦外辱。

義和團發展速度超過了洋人和清政府的想像，各地到處都建有拳壇，大街小巷處處有人練拳，人們頭上包著紅布手裡拿著大刀，就連裹著小腳的女人也開始迷戀神拳。而他們的首先要燒的就是基督教堂，首先要殺的就是洋教士。據統計，在義和團運動中被殺的外國人共有241名，中國基督徒高達2萬多名。

義和團之所以有這麼大的規模和影響力，最根本的原因是帝國主義侵華戰爭加深了中國民族危機，但另外還有個原因是歷史學家不應該忽視的，那就是義和團自己號稱具有「刀槍不入」的本領。

義和團的「刀槍不入」到底是怎麼回事？這裡固然有封建迷信的成分，但是一些有關「民間法術」的資料我們也不能忽視。

中國武術裡有鐵布衫這樣的硬氣功功夫，這種功夫極難練成。鐵布衫之練法主要是通過各種硬物與身體的直接碰撞，讓骨骼時常與堅硬物體接觸磨練，久了筋骨將漸漸堅實。然後直接用鐵桿等硬物向練武者身體上不斷捶打，如果堅持三五年，鐵布衫

功夫將小有所成。

即使練成鐵布衫你也只能抵擋一般的冷兵器，但是絕對不可能抵擋火槍。義和團起於習武之鄉山東，據說當時著名的義和團首領心誠和尚就是練鐵布衫的，當年慈禧太后派人去查驗義和團「刀槍不入」是否真實的時候，就是遇見了表演鐵布衫的高手。鐵布衫功夫如此難練，會這門功夫的又有幾個？大部分都是走了速成的路子。

山東的大刀會是義和團的重要分支，據說當時徐州道阮祖棠對大刀會練習「金鐘罩」進行了實地考察，他的報告是這樣的：那些練習者一般都在晚上進行，他們常常會點燭焚香，口念咒語，然後那些傳授功夫的師傅們會用刀砍受業者，果然不傷。但是他發現砍的時候，那些師傅們常常會在砍到身體的時候改變角度。

義和團將士

當然也不乏有些武術底子的拳民，他們有比較好的心理狀態再加上氣功師傅的指點，人們往往會激發自己的潛能，就會出現比平常跳得高、奔得遠的情況。有時候運氣得當偶爾也會出現刀砍下去會不受傷害，這樣他們就會認為自己是神靈附體刀槍不入。

因為參加義和團的人魚龍混雜，有些耍雜技的人也到義和團來表演，這就更加逼真了。

據當時記載義和團在壇上表演的時候常常會出現「漏刀」、「漏槍」的情況，也就是說在表演「刀槍不入」的時候不幸假戲真做了。

義和團運動的時候有一位縣令在他的著作《榆關紀事》中有這樣的記述：「當時街面紛傳，此係真正神團，眾民眼見，用抬槍洋槍裝藥填子，拳民等皆袒腹立於百步之外，任槍對擊，彈子及身，不惟不入，竟能如數接在手裡以示眾，眾皆稱奇，以為見所未見，奔壇求教者如歸市。」

這個表演最後沒有成功，因為有個高手當場就把這個耍猴子把戲給拆穿了。

據說當時還有好多執迷不悟者，非要在洋槍下試一試自己的身手，結果可想而知。但是人們在看到自己的功夫並沒有在槍炮面前失靈的時候，還是前赴後繼地試驗著……

究竟是什麼原因導致拳民們如此執著地相信自己的「刀槍不入」呢？就是因為中國自古就有相信神話的傳統加上氣功和硬氣功帶有偶爾的「實效性」的時候，他們會在當時那樣危難的特定時刻病態瘋狂地爆發性蔓延……

政治篇

勘破歷史潛規則

炎黃二帝戰蚩尤是否存在

　　幾千年來，中華民族常自稱炎黃子孫，所謂炎黃指的正是炎帝和黃帝。然而，就像中華民族自稱龍的傳人一樣，龍是否真實存在沒有人知曉。炎帝、黃帝是否存在？是否有炎黃二帝戰蚩尤一事？人們也都說不清楚。

　　在許多書籍當中一般都這樣記載，炎帝、黃帝指的是中國原始社會中兩位不同部落的首領。炎帝姓姜，是炎帝族的首領，在西部遊牧後進入中原，與以蚩尤為首領的九黎族發生衝突，歷經很長一段時間。黃帝姓公孫，號軒轅氏，居住在中原地區。黃帝一族的文化和生產技術相對突出，軍力較強。所以炎帝一族在輸給蚩尤之後，逃到涿鹿（今河北省），得到黃帝族的援助，終於殺了蚩尤得到蜀、苗等地，控制了中土核心土地，也將這些地方的人口納入中原文化圈，中華民族的雛形也就由此形成。

　　以上的情節在《史記》當中也有所記載，但幾千年來僅是史料中提及炎黃戰蚩尤一役，人們並沒有挖掘到能證明這些部落戰爭的文物以供後人參詳。直到1928年龍山文化的出土，

炎帝

人們才推算出炎黃大戰蚩尤的可能性。

這一年，考古學者相繼在山東境內和河南、陝西發現了新石器時代晚期的文化遺存。他們的共性是以農業經濟為主，石器、骨器、陶器等手工業有了一定的發展，有部分粗陋的青銅器。故而有人說這片龍山文化圈處於金石並用時代，年代大約均在公元前2000年以前。

黃帝

龍山文化究竟與炎黃戰蚩尤有何關係呢？根據史料記載和天文年代學考證，黃帝應該生活在公元前4400年至公元前4300年間，也就是說，炎黃大戰蚩尤的時間也在這個範圍內。炎黃在世時期比龍山文化時期早了1000多年。

通常情況下，原始社會舊石器時代是不會發生大規模戰爭的，因為該時期處於母系氏族社會，更不可能出現炎黃合併九黎地區的事情。因為只有父系氏族社會，才有炎、黃、蚩尤這類男性部落首領存在。

那麼，究竟距今6000年以前，中國的原始人是否進入父系氏族社會了呢？

這就要看龍山文化是否處於父系氏族時期。由於龍山文化與炎、黃文明的時間比較相近，地區也接近，所以只要肯定了龍山文化處於父系氏族時代，那麼炎、黃戰蚩尤一役存在的可能性將大大增加。

一般來說，區分母系氏族和父系氏族，要看農業、畜牧業和手工業生產的規模和結構。早期原始社會母系氏族時期，男子狩獵，女子採集、種植，家庭生活的主要重擔由女子承擔。但是隨著農業開墾工作的繁重和畜牧業規模擴大，許多粗活由體力較好的男子承擔，大型的手工業產品也基本由男性製造，所以男性逐漸成了家庭的領袖。

參看龍山文化的農業、畜牧業規模和使用工具，人們幾乎可以完全確信它處於父系氏族社會，也就是說，炎、黃、蚩尤這類男性部落首領在距今6000年以前是很有可能存在的。為了獲得更廣闊的土地資源和農業資源，部落之間發生戰爭大有可能。

雖然到現在為止人們沒有辦法完全肯定炎、黃的存在，也無法改變蚩尤是遠古傳說中魔怪的想法，但三者的恩恩怨怨，已經給了人們無限遐想的空間。

盤庚是否遷都於安陽殷墟

隨著19世紀最後一道晚霞的落幕，20世紀曙光的浮現，在河南安陽小屯村的附近，數量驚人的甲骨文、青銅器、玉器、陶器、骨器等古老文物在時間的催促下和考古學者的不懈努力中逐漸浮出「水面」，距今數千年的、中國最早可以確定具體位置的都城——殷，也顯現出了自己的「美貌」。

殷被認為是商王朝相繼遷移五都的最後一個國都，陪伴商王朝走過了273個春秋，直至商的灰飛煙滅。相比存在將近500年的商王朝，殷佔據了其一半以上的時間，目送一個國家穩定之後的所有滄桑變革，因此商王朝還被稱為殷商。

君王死後，城市消泯，從此殷化為廢墟，歸於塵土。或許殷墟再推遲幾百年出土，人們可能到現在還認為，史書上所記載的商君王盤庚遷都至殷不過是個傳說而已。即便如此，仍有一些學者對盤庚遷都殷墟的問題表示質疑。

盤庚究竟是否遷都安陽殷墟？表示肯定的學者是站在出土古文物的數量和質量上來確定的。且不說小屯村地下數以萬計的刻鏤文字龜甲和獸骨，也不說那些製作精巧的青銅器和兵器，但就一個藝術水平高超的司母戊大方鼎，都令學者們很難否認，一個普普通通的古城市會有這樣的製造水平，捨了殷墟為都，還有誰可勝任？

偌大的司母戊鼎，高133釐米、長110釐米、寬78釐米，輪廓

方直，重達800多公斤，自有不可動搖的氣魄。除了鼎身四面的中央處無紋外，其餘各處包括提手、腳柱，都刻有精美的雲雷紋和各具形態的生動紋飾，尤以饕餮刻紋為主。

除此之外，鼎耳外廓有兩隻猛虎，虎口相對，內含人頭，耳側以魚紋為飾，霸氣十足。根據多方面的考證，司母戊鼎很可能是商王室的重器，因為其雕工和製造技術已經達到了商代青銅文化的巔峰，再無出其右者。

饕餮紋

如果說司母戊鼎加深了人們對盤庚遷都殷的想法，那麼隨著考古挖掘工作的進行，一座座宮殿宗廟建築遺址、一片片王陵墓地、星羅棋布的居住遺址、繁華的手工業作坊的相繼出現，更使人們確信了殷墟的前身是一個都城。

不過，盤庚是否遷都到殷墟，仍舊遭到懷疑。

據《史記》記載：成湯帝於公元前1711年滅夏，建都於商丘

南亳。成湯五世孫仲丁遷都到河南鄭州，仲丁弟河澶甲遷都到今河南內黃東南，六世孫祖乙又遷都於今河南溫縣東，八世孫南庚把都城遷到了今天山東曲阜，直到九世孫盤庚「渡河南，復居成湯之故居。」

也就是說，盤庚遷都是從黃河以北遷往黃河以南，到達成湯建都南亳之前的居所——商丘縣北部的北亳。

說來說去，盤庚還是回到了原點，而並非遷都於安陽殷墟。不僅如此，《竹書紀年》中也有與《史記》不謀而合的記載，且書中將北亳稱之為殷。很顯然，史書上表明盤庚遷都不是去了現代我們所看到的殷墟，而是去了北亳之殷。原來此殷非彼殷，是一個歷史的文字誤會，令殷墟被誤以為是都城。

然而，誰又能解釋安陽殷墟規模宏大的遺址和文物是怎麼回事？誰能解釋為何就連商丘的遺址也不能與安陽相比呢？難道真如少數歷史學者推測的那樣，是成湯的十三世孫武乙遷到安陽小屯，才留下如此龐大的都城麼？

可是，數以萬計的史料都這樣顯示，商王朝歷經五次遷都，若是由武乙遷都安陽，豈非有了六次遷都之說了？

一個歷史的謎題就這樣難倒了世人，至今仍沒有人拿出更具有說服力的證據證明是由盤庚遷都到殷墟。但不管怎樣，我們可以確定的是，殷墟作為商王朝後半期經濟水平的代表，其宏大、秀麗的規模，可以讓人深切地體會到3000多年以前中土的繁華。

113

「指鹿為馬」目的豈止辨「忠奸」

趙高其人在歷史上是一個非常受爭議的人物，一是身世，二是生年，三是功過是非。此人精通律法，雖是宦人，卻深得秦始皇的喜愛，可以說秦王朝的建立他也算有兩份功德。然他又是一個可以將善惡、是非、忠奸、美醜顛倒乾坤的邪惡人物，秦國可以說亡在了他的手上。歷史讓這樣一個平庸至極的人，扮演了好似英雄般的人物，實在可笑至極。

顛倒人類的審美觀念，是趙高遠遠超於其他人的地方，單只一個「指鹿為馬」，就沒有人能夠做到。當時秦二世胡亥年幼無知，因為他幼時一直依仗趙高，所以對於趙高的狼子野心根本毫無察覺，而趙高已經繼李斯位列中丞，二世哪想到趙高竟然有篡政的打算。

為了辨識朝廷中誰對自己「忠」、誰對自己「奸」，趙高在秦二世三年（公元前207年）八月某日，於朝上叫人牽來一隻鹿，對秦二世說：「陛下，我獻給您一匹好馬。」秦二世一看這哪裡是馬，分明是一隻鹿，便笑著說：「丞相搞錯了，這是一隻鹿，怎麼說是馬呢？」趙高笑著道：「請陛下看清楚，這分明是一匹千里馬。」秦二世又看了看鹿，將信將疑地說：「馬的頭上怎麼會長角呢？」趙高道：「陛下若是不信，可以問問眾位大臣。」

大臣們頓時色變，不知趙高又要做什麼，明知他胡作非為，

顛倒是非，卻敢怒不敢言，一時間都低下頭。有些正直的人堅持認為是鹿而不是馬，還有一些趙高的黨羽則順著趙高之言。此事過去不過幾天，那些正直大臣紛紛被趙高以各種名目治罪，甚至有滿門抄斬者。

一段「指鹿為馬」風波，讓趙高知道了哪些人依靠自己，哪些人反對自己，但他的目的哪裡是如此簡單。隔日趙高便派占卜者對胡亥說：「皇帝您連鹿馬都不分了，肯定是祭祀沒有好好齋戒，以致腦袋昏聵。」胡亥不疑他，遂去上林苑齋戒，但他畢竟年紀較小，耐不住寂寞，每日出去遊玩打獵，一不小心射死了一個路人。其實這路人是趙高安排好的，後者借著胡亥射殺活人的事情，對胡亥說：「皇上您無故殺了一個人，上天恐怕會怪罪，應該躲起來才是。」胡亥心中害怕，立刻躲到咸陽城外的望夷宮。望夷宮中所有侍候的人都是趙高的親信，已經深陷牢籠的胡亥猶不自知，就這樣渾渾噩噩地丟掉性命。

胡亥一死，趙高就撤下了他的玉璽佩上，想要仗著自己也有著嬴姓趙氏的血統，準備登基為王。但他名不正言不順，又是個宦人，根本沒有人服他，他的皇帝夢就這樣破碎了，只好臨時改變主意，將玉璽傳給了秦始皇之弟趙子嬰。

由於秦國實力已經大不如前，子嬰只得取消帝號，復稱秦王，隨即便與自己的貼身太監韓談商定了斬除趙高的計劃，誅趙高於內宮，並夷其三族（父族、母族、妻族）。

不管趙高的結局如何，從他「指鹿為馬」到佈置種種計謀篡政，足可見此人心思之縝密，辦事之痛快。若是他能真心輔佐秦室，不與李斯相爭，認真教導胡亥，以他的能耐說不定能成為一代名臣。可是，趙高偏偏不甘寂寞，日夜盤算著要篡奪皇位，不知饜足成了他的死穴，注定他是要走向自我毀滅的道路。

什麼原因導致漢代屢現外戚干政

　　外戚又稱「外家」、「戚畹」，乃帝王的母族、妻族一脈。若是外戚安分守己，作為帝王的親戚，自然享盡榮華富貴。可惜歷數千年中華歷史，偏偏是外戚的野心最為膨脹，甚至遠遠超過亂臣賊子，其干政乃至篡權的現象屢禁不絕，叫帝王之家的皇帝老子頭痛不已。

　　發生外戚干政事件，尤以漢代為甚，確切地說是東漢。大多數史學家都認為，東漢外戚干政頗多有兩個原因，一個是小皇帝過多，一個是尚書台的設置。

　　幼帝登基，難以從政，似乎是歷史的慣例，當然不乏康熙皇帝這樣的異類，因為他碰上了沒有強烈野心的外戚，加之自身心性過早的成熟，且擁有治世的莫大勇氣。但東漢就不一樣了。

　　東漢的幼帝所以繁多的歷史根源，應當從秦始皇算起。秦王嬴政確立皇位繼承制之後，希望自己的子孫統治萬世，雖然秦國未能昌盛千年，但嫡系繼承帝位的規矩卻被漢代完全吸收。

　　因此一旦遭逢皇帝英年早逝，其子嗣不管多麼年幼，都要繼承皇位。雖然西漢時期的帝王大多中年以後方才死亡，但到了東漢卻連續遭遇幾代皇帝三十餘歲便夭折的情況，幼帝頻繁出現，後宮的勢力便不可遏止地膨脹起來。

　　後宮女性不能直接干政，自然是通過扶持本家的勢力來掌握政權。外戚的力量就是如此飛速躥升。然而在漢代，外戚不只是

有後宮勢力可以依靠，他們還有一個傑出的優勢，便是大多為對國家有貢獻的功臣。

東漢的外戚，主要有「馬、竇、鄧、梁」四大家族。東漢明帝的馬皇后，是功臣馬援的女兒；章帝的竇皇后，是功臣竇融的曾孫女；和帝的鄧皇后，是功臣鄧禹的孫女；順帝的梁皇后，是功臣梁統的後代。

四大家族既是功臣又是外戚，封地廣大，勢力雄厚，真如豪強慢慢地蠶食東漢的江山。

幼帝繁多只是導致外戚干政的原因之一，另有一個重要的因素便是光武帝劉秀遺留的歷史問題——尚書台的設立。光武帝劉秀在南方建立政權之後，為了穩固皇權，遏制相權，雖然保留了過去的宰相「三公」之職，即司徒（丞相），太尉，司空（御史大夫）。

但卻將三公的實權抽走，徒留地位和俸祿。而劉秀自行設置了名為「台閣」的尚書台，將國家實權完全交由尚書台管理，由自己直接指揮。

最早尚書是相對外部朝廷的內部朝閣，由皇帝統管，相當於機要祕書的工作單位，通常工作者為下級官吏。漢武帝劉徹在位時期，尚書被私下稱為「內朝」，與三公九卿的「外朝」相對應，基本上沒有什麼實質的執政權。但是光武帝卻

劉秀

117

將尚書機構的地位抬高至超過「外朝」的地步,雖然尚書台內的官員品階不高,反而比「外朝」中人更有權力。

但是很快這樣的弊端就凸現出來。一旦皇帝早夭,幼帝登基,如何有能耐管理尚書台呢?自然掌管尚書台的「重任」就落到了後宮、外戚的手裡。

光武帝聰明一世、糊塗一時的做法,就這樣令東漢江山一點點落入他人囊中。而外戚專權的直接後果,招來的便是宦官權力的膨脹。因為幼帝長大之後,唯有後宮宦官近侍可以依靠,宦官在幫助皇帝重奪皇權之後,受到土地、俸祿上的巨額封賞,勢力便迅速增長,儼然有超過外戚的威勢。

東漢末年的「十常侍之亂」,便是由此引起。

在以後的朝代當中,雖有外戚干政現象,至清朝才完全杜絕,但與東漢這沒落年代相比,實在是望塵莫及。

為什麼中原王朝總以和親換和平

恩格斯在談到中世紀封建主之間的聯姻現象時，曾直言不諱地說：「結婚是一種政治行為，是借一種新的聯姻來擴大自己勢力的機會，起決定作用的是家世的利益，而絕不是個人的意願。」偉大思想家如此精辟的結論，將幾千年來世界各國古代和親政策的實質道了個通透。

和親，名義上是停止民族、國家戰爭，彼此捐棄仇怨、和平共處的外交手段。外表看似有著愛情韻味，實則是軍事、政治協調策略的靈魂。和親雙方的決策人心中藏的都是叫對方「為我所用」的算計，而犧牲品就是那些沒有話語權的女性。

縱觀中國歷史，早在周襄王（公元前651～前619年）時期，王欲討伐鄭，怕自己實力不足，遂娶狄女為王后，聯合戎狄兵力共同討伐鄭地，繼而雙方各自得到土地和財富。這是中國史料上可見的最早的和親事件，很顯然，如此和親不過是雙方為了贏得利益的需要。此後，無論漢唐還是宋明清，為了緩和國界周邊緊張的民族關係，和親成了慣用的手段。也正因為如此，「一去紫台連朔漠，獨留青塚向黃昏」的情景，便常浮現於茫茫荒野、枯山之間，化作詩人筆尖的淒美感嘆，後人對此想像無限，但卻如何能體會個中「梧桐秋雨」的悲涼。

今日我們所熟知的和親，必然並不是為政者突發奇想的政策，它受到帝王青睞實則是有歷史根源的。試想當一個國家的綜

合國力不足以輕鬆抵禦外來的入侵時，便會採取軟化敵人的政策，一則以錢財誘惑對方，只要彼此和平相處，我方會奉上足夠的金銀珠寶供彼方享受；二則以和親來表示尊敬、喜愛，我方嫁個公主、郡主給彼方，還把我方的發達技術教給彼方，彼方看在這些好處的薄面上，也應和和氣氣。一旦雙方達成共識，還可以攜起手來打敗共同的敵人，將第三方拆吞入腹。

中國數千年更替十數王朝，皆居於風水寶地的中原，周邊少數民族國家欽羨不已，都想到聚寶盆般的中原擄上一二。一旦中原王朝稍顯弱勢，例如漢代，採取和親政策的目的便如上述所言一樣，無非是求得周邊的安穩。不過，和親不僅僅是中原王朝的自保手段，在唐朝，它還是「以夷制夷」的手段，也是彰顯國威的策略。

唐朝初期通過與突厥的和親，招攬突厥貴族進入皇族，帝王賜其高官和財富。表面上看似突厥人受到優待，實際上是唐朝政府用「糖衣炮彈」來同化突厥，令其再無反抗之心。再者，有了突厥的支持，一些漠北、漠西的少數民族就不敢再輕舉妄動，唐王朝也省去很多力氣去應付外患。在當時，有許多弱小的少數民族還主動到唐室請求賜婚，願做漢家的女婿，從中原學習先進的生產技術和科學文化，以增強自身實力。

其實，總結和親政策仍舊是一句話，攀親雙方無非是希望對方「為我所用」，一旦這種互相利用失去了平衡機制，某一方再無價值可言，和親便再也成不了和平的手段，戰爭才是決定最後結局的方法。不過，我們不能否定和親政策在客觀上促進了中華各民族的政治、經濟、文化上的交流，在不同時期，它的確保護了人們免受戰爭和掠奪的苦難。

顧命大臣表面風光卻是玩命活

所謂顧命大臣，就是皇帝在臨終之前，親自挑選任命的輔佐還未能把持朝政的小皇子之臣子。這些人通常是那些德高望重、出類拔萃、忠心護主的命官。古代被挑選為顧命大臣的官員，領著先皇的遺命，代替小皇帝把持朝政，在朝廷之中可謂一人之下、萬人之上，雖不是皇帝，但同樣一言九鼎，甚至可以決定是否廢除幼主。不過，凡事有利自有弊，顧命大臣的無限風光背後往往也同樣伴隨著巨大的危險。

以南朝宋武帝劉裕臨終前託付的顧命大臣為例。劉裕在臨終前任徐羨之、謝晦、傅亮等人為顧命大臣，囑託他們輔佐少帝義符。剛開始的兩年裡，少帝年幼，幾位顧命大臣可以對他進行教育指導，可以代為治理朝政。可是隨著少帝逐漸長大，幾位顧命大臣對他的影響越來越小，於是幾人聯合廢了少帝義符，隨後立宋武帝第三個兒子義隆為宋文帝。第二年，這幾位顧命大臣奉表歸政，文帝親政。第三年，親政後的文帝就先後誅殺了這幾位顧命大臣。

顧命大臣為什麼要廢掉先帝所立皇帝，去立一個新的皇帝？

為什麼被立的皇帝最終卻又要把把自己扶正的顧命大臣趕盡殺絕？像南朝這樣的例子是必然的還是偶然的？這其中有多層因由。

首先，顧命大臣本為先帝選出的忠心為國的大臣，多德高望

重，為人耿直。由於古代封建思想的灌輸，多數少帝在小的時候因為是太子的緣故，很少有人敢管教他們不得當的行為，這樣一來就造成了他們無法無天的本性，小的時候他們不參政，這樣的本性不會影響到國家的利益，但隨著年齡逐漸變大，其性格中的劣勢自然會影響到國家的存亡。顧命大臣這時候出於對國家安危的考慮，就會廢舊立新。另外還有一種原因，就是有些顧命大臣習慣了高高在上的地位後，當小皇子長大要親政時不想讓出手中大權，於是就設計陷害幼帝，再重新立一位年齡小的傀儡皇帝，使自己得以繼續把持朝政。

可是為什麼被顧命大臣們冊立的新皇帝往往都會反過來殺掉他們呢？第一，新立的皇帝雖然很感謝顧命大臣給了他們當一朝天子的機會，但是，舊帝被廢或是被殺的場面在新帝心中產生了更大的影響。新帝為了防止顧命大臣以同樣手段對付自己，就先下手為強，殺了這些權臣，一來可以替曾經受制於顧命大臣的臣子出口氣以籠絡人心，二來可以殺雞儆猴，樹立威信，可以說是一箭雙雕之計。

所以，千百年來的顧命大臣雖然表面上看來風光無限，但是背地裡要承擔的風險更多，是很多人都看不到的。一句「既涉太行險，斯路信難陟」就貼切地概括了顧命大臣的命運，是悲慘還是風光，只有他們自己才清楚。

「宦官干政」難道是歷史使命

　　太監，又叫宦官，內臣，是封建社會一種悲哀的現象，一種殘忍的代表。我們現在很多人提及太監，或是在電視裡看到太監，很少有正面的形象，要麼不男不女、陰陽怪氣，要麼膽小怕事、左右逢源，還有的就是陰險狡詐、作惡多端。但是，歷史上卻有一些成大事卻受過宮刑的人，司馬遷、鄭和、蔡倫這些人對後世的貢獻都是無可替代的。

　　回顧中華民族兩千多年的帝制時代，太監的數量可以說是微不足道的，即使在明代這個太監數量的鼎盛時期，也只有不到十萬而已，但是這些宦官們的能量卻是不容忽視的。

　　縱觀歷史，從漢代開始的十常侍，到清朝末年老佛爺手下的安公公、小李子，唯有宋代沒有太監亂政，其餘大多數的朝代都出現過太監干政、禍國的事件。這些都是碰巧發生的嗎？還是其中有什麼玄機可尋？

　　先說宋代為什麼沒有出現宦官亂政的局面。縱觀整個宋朝社會，沒有能完全掌有大權的文官或者武官。宋代的以文率武的政策，致使武官幾乎不握兵權，而文官多為士大夫出身，以忠君報國為己任，因此野心者少之又少。

　　再者，文官的朝政意見一旦相左，很快會形成各自的集團，互相爭鬥，由此導致從中央到地方的文官各自為政同時又相互制約，所以皇帝不用費心去培養一個親信或者說是一個專用的奴

才，去替自己處理分化文臣武將事情，這導致了宦官與朝政不相接觸，所以也就減免宦官亂政的機會。

那麼其他朝代都或多或少的出現了太監亂政的局面，是不是其政府結構與宋代截然相反呢？事實上的確是這樣的。從秦始皇統一六國實行郡縣制以來，從中央到地方，從文官到武將，各個官員手中都握有大大小小的權力，所有的官員雖然都服務於一個君主，但官員們在利益面前幾乎都會打起自己的小算盤。

所謂山高皇帝遠，皇上雖然高高在上，但並不是每一個官員他都可以看得見，久而久之就會有人做出反舉。為了防止這樣的事情發生，皇上總會把大權叫給自家的親屬或是身邊的親信，這是重用宦官的根本原因。

還有一個間接的原因使得宦官、太監的權力越來越大，那就是有些事情皇帝可以交給自己相信的大臣們去做，有些事情則不然，例如暗殺不服從自己的大臣，或者去監視朝廷裡某個要臣，這些沒有辦法做在明面上的事情就要靠皇帝身邊的親信去做。

宦官為皇帝做過越多此類的事情，皇帝自會越重用他，久而久之，當宦官不想在受控於人，想要獨攬大權的時候，就會出現干政的局面。

另外，太監因為沒有子女，所以皇帝通常不會考慮他們想篡權為子孫後代打下江山的可能，所以才對他們放鬆了警惕。再加上平日裡宦官經常討好帝王，說些貼心的話，又照顧帝王的起居，自然容易得到帝王的信賴，繼而有機可乘，干擾朝政。

所以說，史上的宦官干政，並不是什麼偶然的發生，是有著一個內部規律可循的社會現象，是封建社會腐朽政治的產物。

為何帝王常玩「狡兔死,走狗烹」的遊戲

　　自古帝王欲坐穩王位,不是有意為之,就是不得已為之,必然會除權臣或功臣而後快。因此,許多讀史的人均對帝王「卸磨殺驢」的做法表示萬分鄙視,或者人們便以「功高蓋主」的理由嘲笑權臣的不識時務。

　　儘管許多帝王明知道因做盡「狡兔死,走狗烹」的事情會遭受千古的唾罵,卻依然喜好為之,究竟為何呢?其實可以總結出三點因由。

　　其一,臣子功高蓋主,帝王膽顫心驚。這一點用來解釋劉邦對付韓信,便是再好不過。劉邦立國前後,張良、蕭何、韓信毋庸置疑是最有功勞的人,若論智謀,張良、蕭何自然無人可及,不過若論軍功韓信當遙遙領先。大漢建立伊始,劉邦便封韓信為楚王,賜其縣邑,任其手握重兵。

　　如果韓信聰明一點,出行時不去搞太大的排場,平時作風不要太招搖,也不會被有心人在劉邦面前說壞話,招來劉邦的猜忌。於是劉邦假借出行巡狩的機會,暗中將陪同的韓信俘虜,將後者軟禁起來。倘若此時韓信能安守本分當個淮陰侯,說不定可得善終。可韓信畢竟是韓信,自然無法如張良那般聰明地隱退,終於還是耐不住寂寞,聯合巨鹿郡郡守陳豨造反,被呂后識破陰

謀，誘而擊殺。

回過頭來再看，還是淮陰侯的謀士蒯通臨死前對「主子」的評價最中肯：「昔日楚漢之命皆懸於彼，彼卻毫無反心，今天下已集，且無權無兵，彼竟心生反意，而勾結陳豨，欲謀不軌，韓信真乃一愚人哉！」

有機會作為時不作為，該安守本分時不本分，韓信死就死在了自己的愚蠢上，無怪乎劉邦會輕鬆將他烹煮了。

上演「走狗烹」遊戲的第二個原因，便是功臣盲目自大，皇帝不得不棄之。因這類原因不得好下場的臣子有很多，唐代的尉遲敬德就是其中之一，幸運的是他遇上了寬宏大量的君主李世民，才不至於落得悲慘的結局。

尉遲敬德在李世民還是秦王的時候就衷心追隨，幾次救了後者的性命，在玄武門之變時，尉遲敬德也是最支持李世民的人。所以在李世民登基之後，以軍功「敬德與長孫無忌為第一」的理由，封右一府統軍，有封地和軍權。

尉遲敬德一介武人，性格耿直，頗有些蠻橫。因成了大功臣，所以一時間不可一世，連皇帝都不放在眼裡。別人礙於李世民的原因不敢得罪他，但李世民看在眼裡，心中有數。殺尉遲敬德的事情，李世民自認做不到，他也不想如劉邦對付韓信那樣，這並不是明主的行為，於是故意在尉遲敬德面前講了韓信的故事。尉遲敬德又不是蠢人，當然明白李世民的意思，暗暗冒了冷汗，從此之後再也不敢胡作非為，去追求黃老之道，以避開朝廷的鋒芒。

從某一方面來說，尉遲敬德比韓信聰明，而李世民比劉邦英明，所以避免了血濺朝廷事件的發生。但是，此等好事並沒有給後人一個很好的榜樣，反而「走狗烹」的事件發生的更多，猶以

明代初年為甚。

如果說韓信「死有餘辜」，尉遲敬德「自找麻煩」，那麼如明朝胡惟庸、劉基（伯溫）這類的名臣，死得可是太冤枉了。當無辜臣子遇上凶殘多疑的帝王，第三類「走狗烹」遊戲就會堂而皇之地上演。

朱元璋是中國歷史上開國皇帝、甚至是所有帝王當中最多疑、最好殺者之一。他在位期間，幾乎所有助他建立大明國根基的臣子都被他盡數除去，少數因為英年早逝避免了冤死。就連一向溫文爾雅、熟諳進退的參謀總長劉基，也被朱元璋冷遇，最後病死榻上。

千百年來，帝王無情已經是司空見慣之事，但多少臣子未能參透伴君如伴虎的規律，只好淪為刀下亡魂。在帝王眼裡，天下之大，率土之濱，皆是王土，任你有再高的功績，都不能忘了這規矩。范蠡在兩千多年以前，就說出「高鳥盡，良弓藏。狡兔死，走狗烹。越王為人長頸鳥嘴，可與共患難不可與共樂，子何不去？」此番良言，早應該點醒時人，戰戰兢兢、如履薄冰，才是存活之道。

一旦不能與帝王相與，功成身退正是最好的選擇。歷中國漫漫史海，或許真正懂得權衡之道的人，應該是宋太祖趙匡胤的一班臣子石守信等人，乖乖交出兵權，無論何時何地都悄然無聲，才能過個富足的餘生。

「秦晉之好」不過是陰謀亂倫的政治笑話

在過去的小說當中，時常會出現「秦晉之好」一詞來形容兩戶人家幾代結親，親上加親。看上去「秦晉之好」倍顯親密，其實不過是政治婚姻的幌子。

前文已經提到，政治婚姻是建立在「互為所用」的基礎上，所以其中很難排除陰謀的成分。而「秦晉之好」這一典故的來源，更是充滿了齷齪的算計。

春秋時期，秦晉兩國間的相互嫁娶已成慣例。秦穆公剛剛登基為王，有睥睨天下的野心。當時晉國佔據中原寶地，乃大國之一，所以穆公向獻公求親，娶了獻公與齊姜的女兒伯姬。

晉獻公老來昏庸，被美色所困，為了討好自己的年輕妃子，所以要立最小的兒子卓子為王，繼承自己的位置，竟然殺了太子申生。獻公的另外兩個兒子夷吾和重耳見狀心寒，生怕下一個死的就是自己，所以均逃往別國避難。而夷吾直接投奔了姐姐伯姬，得到姐夫秦穆公的庇護。

晉獻公死後，夷吾聯合里克、邳鄭等臣子將九歲新君卓子摔死在宮中，派人通知重耳回國，但重耳忌諱夷吾的狠毒手段，拒絕了回國的邀請。不過，夷吾想要回國稱王也並不是那麼容易，只好請求秦穆公出兵助自己返國繼位，事成之後送穆公秦河西五

個城池。穆公為了得到地盤，便命大將公孫枝率三百兵車，送夷吾回晉國成為晉惠公。

哪知道晉惠公不守信用，當上君王便毀了之前許諾秦穆公的五城，秦穆公惱羞成怒，決定與晉國斷絕往來。不久，晉國突然遭逢旱災，顆粒無收，難民四起，晉惠公沒辦法，只好厚臉皮再次找秦穆公這個姐夫幫忙。秦穆公考慮到晉國對自己還有用處，便借糧給了晉國。不料第二年秦國大旱，晉惠公不但不幫忙，反過來諷刺秦國。

秦穆公一看晉惠公簡直欺人太甚，遂令聞名遐邇的宰相百里奚攻打晉國，將督戰的晉惠公俘虜過來。伯姬見自己的弟弟被俘虜，生怕秦穆公殺了他，於是「一哭二鬧三上吊」，終於令秦穆公改變初衷，迫晉惠公割地求饒。晉惠公灰頭土臉地將土地封上，還把兒子公子圉送到秦國做人質，這才使兩國的關係修好。

公子圉在秦穆公眼裡，就是另外一個可以利用的夷吾，於是穆公便將自己的女兒懷嬴嫁給了公子圉，讓外甥成了自己的女婿。幾年之後，晉惠公病了，公子圉怕父親將國君的位置傳給別人，扔下懷嬴逃回晉國，果然坐上了皇位。沒想到公子圉也是個忘恩負義之人，竟然定下國策，與秦國老死不相往來，妻子也不要了。

秦穆公一看這個女婿是個不義之徒，決定要幫重耳重奪晉國國君的皇位，遂把懷嬴再次嫁給了重耳。論關係，重耳本是秦穆公的大舅子，但如今又成了秦穆公的女婿；懷嬴一女嫁二夫，從前夫的妻子變成了前夫的叔母，這其中的關係可謂亂了套。

在秦穆公的幫助下，重耳趕走了公子圉成為晉國國君，是為晉文公。但誰也料不到，秦穆公扶持三代晉國國君，都遭到了背叛。晉文公拒絕與秦國往來之後，發憤圖強，竟一舉稱霸，成為

「春秋五霸」之一。而秦穆公直到晉文公死後才借機打敗中原霸主的晉國，終修得正果，稱霸一方。

　　一段稱霸的歷程，充滿了可笑的婚姻關係。兩國統治集團之間為了自身利益的需要，互相聯合，互相利用，彼此通婚，結成關係密切的親家。而實質上親家之間鈎心鬥角，爭奪霸權，兵戎相見。似乎「秦晉之好」這段「佳話」更適合用「秦晉之爭」來代替。

罷黜百家，獨尊儒術是否存在

漢武帝在位時，有兩個人是他思想上的玩伴，一個是東方朔，一個就是董仲舒。前者為武帝調劑平時的生活，依靠一張絕世辯嘴常弄得武帝哭笑不得；後者則是憑藉一套強有力的儒家大一統理論，滿足了漢武帝一統天下的野心，於是武帝掀起了一場「罷黜百家，獨尊儒術」的風潮，也由此奠定了儒家思想統治中國近二千年之久的基礎。

單憑歷史貢獻這點，就決定了不管東方朔的才情是否高於董仲舒，注定了他無法像董仲舒一樣名垂千古。

「獨尊儒術」在漢以前是行不通的，因為周分天下，禮學崩潰，百家學說興起，陰陽、儒、墨、名、法、道等諸家學說各有市場，特別是法家和道家，越到戰國末年越是蓬勃。

漢初時，高祖劉邦為了恢復國家生產，政治上主張無為而治，經濟上實行輕徭薄賦，自然思想上遵循的便是黃老學說。這種政治、經濟、思想政策一直持續到武帝登基，但隨著國家生產力的提高，已經無法滿足中央集權的需要，必須要有一個宣傳一統觀念的思想去潛移默化影響世人。就在這時，董仲舒出現了。

董仲舒雖為一介書生，但卻從漢武帝甄選人才的考場上脫穎而出，憑藉的就是如下的這套理論：他說春秋大一統是「天地之常經，古今之通誼」，現在「師異道」，「人異論」，百家之言宗旨各不相同，統治思想不一致，法制數變，百家無所適從。只

有尊孔子之術，勿使其他道學並進，才可一統。

　　董仲舒的一番言論就是讓武帝尊儒術一道，保證思想上的統一，才有利於政治上的統治。

　　這番言論深受武帝的推崇。在武帝看來，秦王朝獨尊法家學術，雖然嚴厲有效，卻不適合漢朝應用，而董仲舒的大一統思想、仁義思想和君臣倫理觀念顯然與他所面臨的形勢相適應。就這樣，儒家思想取代了道家思想的統治地位，一躍成為主流意識形態。

　　然而，漢武帝所尊儒術，就是真正的儒術了嗎？孔子在確立儒家思想時，本是反對絕對君權的，但董仲舒等儒生的觀念卻是服務於絕對君權，他們將「天命」、「尊卑之制」、「貴賤之差」、「三綱五行」這類觀點重新加入儒家思想，將變形了的儒學送給統治者，統治者則順理成章地利用其為自己服務。

　　與此同時，武帝雖然沒有採納法家學術觀點治國，實則國家行使的立法、司法、刑法權無一不是遵循法家原則。國家看似實行「內聖外王」的文化政策，但時時刻刻不忘專制、繳賦、酷刑。

　　除此之外，漢武帝到了晚年昏聵至極，將儒、法拋諸腦後，一心玩轉黃老之術。他篤信方士、巫術，曾一度打算乘舟過海去尋神仙，到全國各地遍訪高人，尋求長壽藥。怕死是人性的本能，何況漢武帝還未享受夠至高無上的奢華生活，長生不老是他急求的。他曾經在宮中鑄造了一個巨型銅像，高二十丈，用手托盤承接晨露，再用露水搭配藥物每天飲用，以求延年益壽。

　　皇帝發瘋，臣子、妃嬪也跟著荒唐。據說迷信巫術在當時已形成一種時尚潮流，街市上、皇宮裡，到處聚集著方士和神巫。皇親國戚、達官貴人對此追捧之至，社會各界廣泛擁護。

　　後宮女巫橫行，向寂寞的嬪妃傳授排擠他人、馭夫祕訣等厭勝之術。在宮裡，紙人、草人、木偶、銅像藏在各個角落，據說用這些東西詛咒人，可以使被詛咒者神志不清，癲狂失控，不明不白的死去。

　　不管巫蠱之術是否為真，但可以肯定的是，此時的漢武帝已經完全不顧儒學思想，一門心思帶領全國走向求仙問道的路上。

　　由此可見，所謂的「罷黜百家，獨尊儒術」，不過是皇帝玩的一場政治遊戲，表面上道貌岸然地安撫天下，實則暗中以專制權術操控、愚弄世人。漢武帝是如此，以後的帝王也是如此。

西漢巫蠱連環案之謎

西漢巫蠱連環案，誘因是漢武帝沈迷黃老巫蠱之術，引發了妃嬪之間的鬥爭，但牽涉進來卻不是後宮那樣簡單，而是整個朝廷勢力的鬥爭，最終引發了「太子謀反」的驚天大冤案，導致漢武帝晚年妻離子散、眾叛親離，在後悔與沈痛中死去。

作為中國歷史上在位時間最長的皇帝之一，漢武帝大半生所行功德可抵贖武之過，然而一個小小的巫蠱之術，卻令武帝千古功名毀於一旦，難道巫蠱之術竟可怕如斯嗎？其實真正可怕的應當是人心才對。

巫蠱連環案的事情起因源於漢武帝的一場幻覺。徵和元年（公元前92年），三月趙敬肅王彭祖去世，夏季又逢大旱，宮外尚未安定下來，內宮就出現了妃嬪以巫蠱互相攻擊的事件。本來妃嬪用厭勝之術已經是司空見慣的事情，當時武帝也未放在心上，哪知道妃嬪們的鬥爭愈演愈烈，最後變成了潑婦罵街，互相誣陷對方用巫術詛咒皇上。

漢武帝見狀心煩得很，一怒之下處死了大量宮人和一些外戚臣子。但他總是夢見有人在用木人詛咒他，一時間寢食難安。有一天他正坐在建章宮內養神，彷彿看到有一個男子帶劍走進中龍華門，本來應該有重兵把守的中龍華門卻沒有一個人出來阻止。

漢武帝心道那男子莫非是來刺殺自己的不成，於是大聲叫喊，哪知道男子扔下劍隱遁而去。嚇出一身冷汗的漢武帝大叫侍

衛護駕，並派人到皇宮內翻查，卻一無所獲。其實武帝一生殺人諸多，很可能因為心中有鬼，產生了有人欲找自己報仇的幻覺。但徹查的結果讓他非常失望和生氣，不但沒有找到刺客，反而在後宮和京城各家百姓當中翻出大量的木偶和咒符。

武帝暗道難怪尋不到刺客，原來是有人用巫術製造神魔來刺殺自己，此事不查不行。於是，「巫蠱案」就這樣掀開帷幕。

君主身邊最不乏的就是小人，「巫蠱案」本來可以很快地過去，但是有人卻誣告當朝丞相公孫賀的兒子公孫敬聲施用巫蠱之術詛咒皇帝。公孫賀的夫人君孺是皇后衛子夫的姐姐，所以漢武帝與公孫賀關係素來親密，公孫敬聲也因父親的關係擔任太僕一職，負責掌管皇帝的輿馬和馬政。

可是偏偏公孫敬聲不爭氣，驕奢淫逸，貪財好色，收受賄賂，結果被關了起來，公孫賀於是抓了到處劫富濟貧的陽陵俠客朱安世，想要借此立功，幫兒子將功贖罪。

朱安世自然不能坐以待斃，就托人上書漢武帝，稱公孫敬聲和武帝的女兒陽石公主私通，並派遣巫師在天子所馳的馬路上埋木偶人詛咒天子。天子馬路本來就是公孫敬聲的管轄範圍，朱安世這一告發有理有據，漢武帝立刻相信此事，就這麼逮捕了公孫賀一家，交給了當時著名的酷吏杜周查辦。

杜周公報私仇，不但殺了公孫賀父子，還將陽石公主和與本案沒有什麼關係的諸邑公主一起殺了，只因諸邑公主與衛子夫弟弟衛青之子衛伉是表親，而衛伉與杜周結了怨。

雖然死了一群人，但漢武帝老來竟然多疑，還是認為有人想要害自己，於是將「巫蠱案」交給了自己的寵臣江充查辦。江充是個靠裙帶關係和故意裝出來的「公正無私」而取信武帝的人，所以巫蠱案由他來做武帝相當放心，沒想到江充卻將個人恩怨融

135

入到查案當中。在後宮和朝廷之中，他最想扳倒的人就是太子劉據，因為他曾經抓了劉據的親信，劉據向江充百般求情，江充卻一意孤行，結果因此得罪了劉據。其實劉據對此事早已經忘到腦後，他也並不是記仇的人，但江充小人之心卻不這樣認為，只想著借巫蠱案誣陷太子和皇后衛子夫。不過漢武帝對劉據疼愛至極，江充幾次搞鬼都沒有成功陷害劉據，倒是劉據看出江充的歹心，一怒之下發動政變殺了江充一干人等。

已經深居簡出、在長安城外甘泉宮養生的漢武帝不明事理，只知道太子殺了自己的近臣。恰在此時有人在武帝耳邊不斷吹風，說太子想要謀反。一開始武帝並不相信，便派了侍從去長安城探聽情況。侍從到城外轉了一圈，發現守備森嚴，沒敢進城，轉身便跑回甘泉宮稟告武帝，太子的的確確是造反了。

或許是劉據倒霉，也可以說是漢武帝昏聵，就這樣聽信了小人之言，相信自己的兒子有謀反之心，於是向丞相劉屈氂發布敕令：立即發兵出擊，對造反者一律殺無赦。劉屈氂本來無心害太子，無奈天子之命不能違抗，便派兵攻打長安城。

劉據根本沒有造反之心，所以哪裡有重兵抵抗宰相的軍隊，只得發動百姓死守長安。但百姓只知道「太子造反」之事大逆不道，所以劉據大失人心，最後兵敗如山倒，逃離了長安，沒過多久便被找到，而那時的劉據已經自縊而死，其母衛子夫早在他之前已經上吊自盡。

一年以後，漢武帝才查清楚原來是奸臣搞鬼，害死了自己的皇后和太子，除了為太子平反、追封劉據，再沒有什麼能夠挽回。

小小的一樁巫蠱案，在皇帝的疑神疑鬼和小人的借機發揮下，在漢王朝的宮廷內外掀起了長達數年的血雨腥風，其實到頭來卻發現都是誤會一場，但卻沒有任何人對此承擔責任。只能說，是絕對的權力導致了絕對的腐敗。

曹操緣何對文人既籠絡又打壓

　　東漢末年的文士禰衡，是一個狂傲之人，雖然有幾分才學，但性格極端，平素最喜好諷刺別人，動不動就開口罵人，因而得罪了不少人，這其中就包括素來以「愛才任賢」著稱的曹操。

　　曹操善籠絡人心的手段早已聞名，他手下的文臣武將，多數都是在他「甜言蜜語的交心」中籠絡而來，禰衡卻不是，後者完全是由孔融的推薦，才走到了曹操的面前。

　　時值曹操與袁紹爭奪北方各地，孔融給曹操出了主意，欲與袁紹爭鋒，必須要掃除南方的障礙，也就是劉表、張繡和孫策，手段則是招安。曹操本想讓孔融去辦招安的事情，但孔融推薦了他的朋友禰衡。曹操素來愛才，也知道禰衡有些能耐，於是召見了禰衡。誰知道禰衡一見曹操，遂將曹操和其手下的能臣將相批評一通。曹操一向對天下人擺出愛才的面孔，自然不能因為惱怒禰衡而殺了他，為自己招來惡名聲，於是就用了一招「借刀殺人」法，將禰衡送到劉表那裡。據說後來禰衡因為刁嘴惹火，先後得罪劉表和江夏的黃祖，最終被黃祖一刀劈成了兩半。

　　禰衡的死雖不是曹操所為，但卻與曹操大有關係。而像是禰衡這類多少有些狂病的文人到了曹操身邊，幾乎沒有一個是好下場。例如楊修就是典型的一例，曹操明知道此人聰明異常，對自己來說大有用處，但是因為楊修常常自作聰明，又攪和到曹丕、曹植之爭當中，最終被曹操除去。再如像孔融這類比較耿直的

人，在曹操面前直言敢諫，曹操雖然歡喜，但也因與自己的利益有衝突，不得不除掉孔融。

愛才若斯的曹操，為什麼要殺掉這些他千辛萬苦籠絡過來的文人呢？說白了也就是政治立場的問題。一直以來，曹操都會廣泛地吸收和籠絡文人名士，不管對方對他如何，他都不遺餘力地討好對方，將之盡可能納入自己的羽翼之下，這是曹操的用人機制。例如陳琳曾寫了一篇文章將曹操罵得狗血淋頭，甚至牽涉到了曹操的祖宗，可是曹操依然因為愛憐其才情，重用於他，還時常與陳琳進行文學交流。

這樣的曹操，並不像是屠殺文人的暴徒。然我們要看到，曹操所殺之人，其實不是政見上與曹操相左，動搖了曹操控制劉氏的基礎，便是參與到了曹操的家業鬥爭當中。比如崔琰，此人陽奉陰違，表面上在曹操手底下做事，但卻有反意，對曹操甚為不滿，不但詆毀曹操，還結黨說曹操有顛覆漢室的野心。

曹操之心如同司馬昭之心，路人皆知，但崔琰卻不知好歹將此事挑了起來，觸了曹操的逆鱗，曹操如何能饒他。所以說，崔琰之死「死有餘辜」。

本身作為一名文武雙全的人，曹操深知「唯才是舉」，重用知識分子是非常重要的，況且他喜好文學，也是文化上的名人，對文人的喜愛更是發自內心的。

但作為一個野心十足的統治者，曹操要實現「以曹代劉」的計劃，就必須要以「鐵血政策」對待那些違背他意志、且不識時務的文人。這就叫殺一儆百，以正視聽。

誰主導了「八王之亂」

自東漢末年各路梟雄並起，中國經歷了動盪不安的三國兩晉南北朝時期，歷時三百多年之久。雖然這三百多年比之中華歷史十分之一還不到，但所上演的五花八門劇目卻足以抵過數千年歲月呈現的景致，尤以兩晉時期的內亂最叫人匪夷所思。

兩晉是一個充滿外戚、宦官、後宮亂政的時代，是一個內亂頻出、陰謀四起的時代，例如西晉八王之亂，其前因後果能最恰當地將這個混亂時代的弊端展現給世人。

「八王之亂」所指的八王，是晉室的八個宗親：包括汝南王司馬亮、楚王司馬瑋、趙王司馬倫、齊王司馬冏、河間王司馬顒、成都王司馬穎、長沙王司馬乂、東海王司馬越。

八王作亂的原因，其實就是普通的王室為了爭權奪利而引發，不過這其中牽涉的不僅僅是宗親，還有後宮與外戚之爭。

從源頭追溯「八王之亂」的因由，就必須要說到皇后賈南風和外戚楊駿二人。

晉武帝重病之時下詔，依託汝南王司馬亮及皇后楊芷的父親楊駿共同輔政即位的晉惠帝。但是楊駿卻排擠司馬亮，單獨輔佐接近於白痴的晉惠帝，一統大權。惠帝的皇后賈南風是個野心極重的女人，想要控制自己的愚蠢丈夫，借此把持朝政，於是楊駿就成了賈南風最大的敵人。

楊駿輔政時期，凡有詔令，晉惠帝必然交給楊駿過目，再下

發執行。為了防止賈南風礙自己權，楊駿任命了自己的親信掌管禁軍，此舉引起皇親國戚及某些大臣的不滿。賈南風立刻借此機會說動了汝南王司馬亮和楚王司馬瑋，請二人帶兵入京，討伐楊駿。楊駿素來畏懼楚王司馬瑋，一時間未敢動手，賈南風卻借此製造楊駿謀反的輿論。楊駿見狀不妙，本想逃跑，沒想到被司馬瑋所殺。

楊駿被殺後，朝政大權由司馬亮與衛瓘共同執掌，很顯然，賈南風並未達成自己的政治目的，於是竟然串通司馬瑋殺了司馬亮及衛瓘。司馬瑋以為除掉了對手，就能和賈南風聯手控制朝政，卻不知道「卸磨殺驢」的道理，賈南風很快便將矛頭指向了司馬瑋，令人擬定一份司馬瑋手筆的假詔書給司馬瑋的下屬將領，使得將領們紛紛放下武器歸順皇室。司馬瑋沒了軍事實力可依仗，只得乖乖就擒。

賈南風執政後，於晉惠帝元康九年（299年）廢了太子遹，第二年將其賜死，由於皇室缺少了正統繼承人，八王其他諸王為了爭奪中央政權，不斷進行內戰。先是統領禁軍的趙王司馬倫聯合齊王司馬冏起兵殺了賈南風。

永寧元年（301年），趙王倫廢惠帝自立，帝位沒有坐穩，洛陽城中的禁軍將領王輿就造反，將惠帝又推上台，並且殺了司馬倫。隔年，河間王司馬顒又從關中起兵討司馬冏，但被洛陽城中的長沙王司馬乂搶先一步殺了司馬冏，奪得政權。

太安二年（303年），河間王司馬顒、成都王司馬穎再次合兵討長沙王司馬乂，屢次被司馬乂所敗。次年正月，二王聯合東海王司馬越與部分禁軍，終於除掉了司馬乂，成都王司馬穎擔任丞相，左右朝政，此舉招來了司馬越的不滿，司馬越便從洛陽將晉惠帝挾持而走，攻往北方鄴城。司馬穎見狀不妙，立刻出兵擊

敗了司馬越。

與此同時，河間王司馬顒派張方率軍佔領洛陽，與並州刺史司馬騰（司馬越弟）和幽州刺史王浚聯兵攻破鄴城，打算搶回晉惠帝。司馬穎只好帶著晉惠帝去長安躲避。東海王司馬越不甘失敗，東山再起，不但擊敗了河間王司馬顒，還殺了司馬穎，將晉惠帝又迎回洛陽。朝政大權終於還是落在了司馬越的手中，八王之亂也算是告終了。

「八王之亂」整整持續了16年，戰爭令天下打亂，流民四起，經濟崩潰，晉室力量衰微，此役給了「五胡亂華」找到了最佳的機會。

統觀八王征戰的全過程，就像同宗血脈互相殺害的一場殘酷遊戲，令人膽顫心寒。而內亂之所以發生，則有兩點原因：第一個原因便是晉室未能出現一個真正具有魄力、才能、賢明且長命的君主。看中國各朝各代，凡符合這四個條件的君王，大多都創造出了太平盛世，平定內外不安定因素，而晉朝卻不具備這個優勢，所以帝王不賢能，也無法任用賢能，只會被小人左右。第二個原因是中央集權制度不完善所致。晉朝的皇權、相權、地方長官權、外戚權等各種權力並不明晰，所以給了各方勢力任意干涉朝政的便利條件，晉朝的皇帝因而總是容易被人控制。

古人犯錯，今人以之為鑒，可以明自身得失。後來的明太祖朱元璋在考慮如何收歸中央集權時，未嘗不是借鑒了歷史上諸多因為權力分配不均、帝王品行不端而發生的事件。而「八王之亂」作為一個歷史教訓，至今為人們所銘記。

玄武門之變的真相

公元626年六月初四的清晨，在剛剛建國九年的李唐王朝皇宮的玄武門外，一場腥風血雨即將來臨。

太子李建成和四皇子齊王李元吉正準備從長安城北門玄武門進宮朝見高祖李淵，不料二皇子唐王李世民帶領人馬趕來，射死李建成，殺死李元吉，並誅殺兩家老小，進而帶兵進宮朝見李淵說二人謀反。李淵隨即下詔改李世民為太子。

這就是中國歷史上有名的「玄武門之變」。這場兄弟相殘的慘劇，牽連人命高達數百人，甚至動搖了唐朝在河北的統治。但是令人稀奇的是，這一血腥事實的真相卻一直撲朔迷離，學者們也一直爭論不休，一時間眾說紛紜。總結學者們的觀點，大概有三種主流說法。

一、是自衛之說

秦王李世民是被逼無奈，不得已才先發制人，發動政變。史書記載，李世民在滅隋興唐的大業中功高勞苦，顯露出雄才偉略。作為太子的李建成不可能感覺不到李世民咄咄逼人的威脅，面對本來應該屬於自己的皇位可能有失去的危險，李建成當然不甘心，於是一場你死我活、手足相殘的爭奪皇位的政治鬥爭爆發了。

李建成和李元吉一直暗中蓄意謀害李世民。就在玄武門之變前不久，李世民到李元吉家喝酒，才喝幾杯酒便腹痛不止，回府

之後「吐血數升」，差點死去。而李建成和李元吉此次進宮也正是為了向李淵參劾李世民。故李世民為了自衛，被迫先發制人，不得已發動政變。其實，玄武門之變是遲早的事情，若不是李世民先下手為強，否則躺在血泊中的就是他了。

二、是預謀的殺兄篡位之說

李世民主動發難是蓄謀已久的，並不像史料中記載的那樣，是一個可憐巴巴的受迫害者。李淵諸子中，李建成是長子，按照嫡長子繼承皇位的傳統，當然應該以他為嗣君。高祖即位之初，也的確是立李建成為太子。李建成既然立為太子，如果不發生意外，便可以順利繼承皇位。

然而在太原起兵以後，統一全國的一系列戰爭中，李世民的功業遠遠超過了李建成，且李世民本人又氣度不凡，具有遠大的政治抱負，他不甘心，也不滿足於僅僅當一個秦王，必然企圖登上權力的頂峰。李世民被封為天策上將之後，就自立天策府，廣招天下謀士，討論國家事務。其權威都可以和太子命令、皇帝詔書相抗衡。李世民手握重兵，並且有一批甘願為他出生入死的親兵勇將。

而李淵也曾對其許諾，若一朝得天下，必封其為太子。然事實上卻是將李建成立為繼位者，可見他對李世民並不信任。因此李世民懷恨在心，想自立為帝，遂發動玄武門之變，進而逼迫李淵退位當太上皇，自己君臨天下。

《資治通鑒》的作者司馬光就說李建成能有「泰伯之賢」，李世民能有「子臧之節」，互相禮讓，「則亂何自而生矣」。則對於後來的玄武門之變，司馬光也遺憾地表示「貽譏千古，惜哉！」

三、是李淵的暗中相助之說

明末清初的王夫之認為高祖李淵「處此難矣，非直難也，誠無以處之，智者不能為之辯，勇者不能為之決也。」認為李世民雖有篡位之心，但是得到了李淵的默許和暗中支持。

李建成和李世民雖都才識俱備，但是太子建成卻貪圖酒色，性格又有些懦弱寡斷，不如李世民堅韌果斷，李淵早有意傳位於李世民。但是李建成是長子，按照封建觀念，廢長立幼是不合禮制的，又加之李建成早已培植了一批親信勢力，如果改立太子，必定會激起兵變，到時候天下大亂。

所以，為改立太子，李淵策劃了這場玄武門之變。李淵其實一直很小心地保護著李世民，如先封他為天策上將，給他巨大的優勢，後又派他出征突厥以控制兵權，還準備將富饒的洛陽賜予他做封地，李建成和李元吉幾次慫恿李淵殺了李世民，都被拒絕。這些種種都為李淵的暗中相助提供了佐證。

這些說法各有道理，很難判斷誰是誰非。到底真正的歷史又是什麼樣的，還是讓後人自己判斷去吧。

李世民為何向突厥稱臣十二年

突厥是中國古代的民族。先世源出於丁零、鐵勒。南北朝時鐵勒原住在葉尼塞河上游，後南遷高昌的北山（今新疆博格達山），突厥人也在此安家，屢屢進犯中原。隋朝未統一中土時，於北方多次遭到突厥的進犯。

隋滅陳完成南北統一後，與突厥力量對比發生了根本性的改變。隋利用軍事和政治手段開始全力打擊突厥。而突厥汗國也因為內部不和而分裂成東突厥和西突厥。突厥的分裂，使其喪失了攻佔中土的良機，而隋帝也利用這層關係，而牢牢控制了突厥勢力。

但是自從隋二世楊廣登基之後，大隋國力漸漸衰微，群雄並起，竟有多數人攀附北方突厥，其中包括薛舉、竇建德、王世充、劉武周、梁師都等人，就連在晉陽（太原）起事的李淵、李世民父子也曾臣服突厥。

根據《舊唐書》記載，在李淵、李世民父子起兵時，突厥軍隊曾趁機襲擊晉陽，大肆掠奪，令李氏父子領教了突厥的實力，所以為了保證能在太原立足，李氏父子決定忍辱負重，先依仗突厥，年年朝貢割地，與突厥可汗修好。

隨著李氏父子的勢力逐漸壯大，儼然有一統北方的趨勢，突厥人的胃口越來越大，常以各種藉口要求李家增加朝貢。李淵天性保守，在軍事上並非激進之人，所以一直隱忍，但到了大唐統

一天下，李世民發動玄武門政變而登基之後，依然也對突厥表示臣服，這就叫人難以理解了。憑藉李唐的軍事實力，與突厥分庭抗禮猶有餘份，為什麼李世民卻要低頭呢？

這一切要從「渭水之盟」說起。

公元626年，唐太宗李世民剛剛即位，東突厥的頡利、突利二可汗便率兵十餘萬人直逼長安。在此之前，二可汗就率15萬兵馬攻佔並州（今山西全境和河北、內蒙古部分地區）大肆劫掠，而這一次則是出動20萬兵馬，距長安城僅四十里的渭水之北駐紮軍隊，威懾長安城。此事致使長安人心大動，朝野驚慌。太宗李世民認為如果與二可汗直接衝突必然要遭受重擊，於是便採用了緩兵之計，以大批量的金帛財物賄賂二可汗，並與突厥結盟，表示臣服。

「渭水之盟」簽訂之後，突厥果然撤兵。其實若是突厥不依不饒，就此南下，中國的歷史將會就此改變。但突厥人短淺的目光使他們最後招致萬劫不復的境地。

自受到「渭水之盟」的屈辱，李世民一直隱忍不發，雖然暗中咬牙，卻沒有作任何反抗突厥的事情，而是加緊訓練兵士，增強軍事勢力。貞觀三年（629年），李世民分析當時形勢，做好充分軍事準備後，12年隱忍在此一舉，勢必要永絕突厥禍患。他派出李靖率領唐軍主動攻打突厥，連消帶打之下，大敗突厥軍，活捉了頡利可汗。突厥大勢已去，只好向唐室表示臣服。此後李世民清掃北方諸國，北方各國均向唐朝俯首稱臣。

「欲取之，先予之。」大唐天子李世民將這一兵法之道運用得神乎其神。作為中國歷史上最出色的皇帝之一，李世民不僅懂得知人善用，同時也憑藉其文治武功創造出中土百年安穩的盛世奇景。

唐代樓市崩盤，為何國家不救

在我國歷史上鼎盛的唐朝時期，樓市就曾出現了崩盤，按現在的收入算，唐朝的房子就曾經從幾百、上千元一平米，跌至幾十元一平米。而此時，唐朝政府卻沒採取任何措施「救樓市」。

唐宣宗大中十年，敦煌居民沈都和因為急等錢用，賣掉了自家的房子。按照慣例，他跟買方簽了一份房屋轉讓合同，合同上寫道：「慈惠鄉百姓沈都和，斷作捨物，每尺兩碩五升，準地皮尺數。算著捨櫝物二十九碩五斗陸升九合五圭乾濕穀米。其捨及地當日交相分付訖。」

意思是說沈都和這套房子按面積計價，每尺價值小麥兩碩五升。另外房子裡所有家具陳設也隨房子一塊兒出讓，價值小麥二十九碩五斗六升有餘。合同上寫的「一尺」是指一平方尺，為現在的0.09平方米；「碩」是容量單位，跟「石」通用。「兩碩五升」小麥重約180斤，按今天麥價去買，至少需要140元。「每尺兩碩五升」，說明每0.09平方米能賣140元，也就是每平方米能賣1555元。放在一千多年以前的敦煌，這房價是很高的。

唐僖宗乾符二年，同樣住在慈惠鄉的另一位敦煌居民陳都知賣掉了自家「東西寬三丈九尺，南北長五丈七尺」，其面積約是現在203平方米的宅基，換來小麥「八百五碩五斗」。拿宅基總價除以宅基面積，可以得出這塊宅基的單價：每平方米556元。

考古學家報告顯示，唐代敦煌民宅全是單層，容積率很低，

所以當地價高達五、六百元一平米的時候，房價在千元以上是完全合乎邏輯的。

那麼，唐朝人的工資水平如何呢？據《敦煌資料》等文獻記載，在公元9世紀後期，不管是幫人牧馬放羊，還是給人運送貨物，甚至包括替人當兵在內，敦煌平民每月的收入一般都不會超過兩石小麥。

換言之，工薪階層的月薪大多在300元以下。像這樣的收入水平，就是一年不吃不喝，也只能掙夠兩三個平米，倘若想買一套像模像樣的房子，恐怕得幹活幾十年。

值得慶幸的是，這樣的狀態並沒維持多久，敦煌房價在每平米1555元這個萬惡的制高點上盤旋了一會兒，很快就急轉直下——敦煌樓市崩盤了。

唐昭宗乾寧四年，敦煌居民張義全賣房，「東西一丈三尺五寸，南北二丈二尺五寸」，只賣了小麥「五十碩」，每平米才賣250元。唐昭宗天復二年，敦煌居民曹大行跟人換房，「東西三丈五尺，南北一丈二尺」的房子，僅估價「斛斗九石」，房價已經降到了33元一平米。

關於敦煌房價，目前能找到的文獻非常之少，暫時還弄不清剛開始房價為什麼高，後來又為什麼暴跌。另外，鑒於中原和江南地區出土的唐代經濟文獻更加稀少，研究者也不敢確定在敦煌之外的其他區域是不是同時出現了房價暴跌的現象。

不過可以肯定的一點是：在敦煌房價暴跌之後，大唐朝廷和敦煌政府都沒有出手救市。因為《新唐書》、《舊唐書》、《冊府元龜》、《唐六典》等史書和現代的敦煌石室藏書釋文匯編《敦煌資料》中均未曾出現相關內容。

因此，可以斷定，唐朝中央政府從未降低房貸利率和頭期

款，也沒有找到敦煌地方政府為購房者提供補貼。那麼，唐朝政府為什麼不救市呢？

第一，當時沒有專門的「房地產開發商」，所謂房地產交易只是在業主之間進行的二手房買賣，而業主們作為一盤散沙，是沒有能力遊說政府作出救市決策的。

第二，當時房地產行業在整個國民經濟領域所佔的比重非常小，無論這個行業是否興旺，都不會導致GDP下滑。

第三，當時的財政收入主要來自於田賦和人頭稅，政府從來沒有想過賣地生財，房價暴漲也好，暴跌也罷，只能影響地價。

可見，唐朝政府之所以不救市，倒未必是因為它更能替廣大購房者著想，才容許房價不斷下滑的，而是因為沒有真正損害到政府自身的利益。

為什麼說李商隱是牛李黨爭的犧牲品

　　中國科舉制度是中國歷史上通過考試選拔官員的一種基本制度。它源於漢朝，創始於隋朝，確立於唐朝，消泯於清末，而唐朝可以說是科舉制度真正發展起來的時期，它對漢代到魏晉南北朝的選士經驗教訓進行了總結汲取，比較詳明嚴密地開創了考試取士的規模，具有一定的客觀標準，也就是選賢任能。在當時的歷史條件下，一般出身低微的知識分子就有了打破舊的嚴格的封建等級界線，進入仕途的機會。

　　然而，任何事情都是雙面的，有利必有弊。庶族們的平步青雲讓養尊處優的士族們感到強烈的心理失衡。於是，正當文人才子們都在寒窗苦讀，為擠過這道狹窄的入仕門而爭得你死我活、頭破血流的時候，一場政治鬥爭在文人間如火如荼地展開了。這就是「牛李黨爭」的時代背景。在當時，有兩個兩耳不聞窗外事的書生牛僧孺、李宗閔對此毫不知情，一門心思想著如何中舉，卻在不知不覺中踏入了黨爭的泥淖。

　　唐憲宗元和三年（808年），長安制科考試，舉人牛僧孺、李宗閔在策論中批評時政，得到考官的賞識，但因為二人的考卷中抨擊了宰相李林甫，於是李林甫從中作梗，對二人久不續用。誰知此事卻引致朝野嘩然，爭為牛僧孺等人鳴冤叫屈，譴責李林甫嫉賢妒能。唐憲宗迫於壓力，只得將李林甫貶為淮南節度使，另任命宰相。至此，朝臣分成兩派，互相對立。但真正的「牛李

「黨爭」，是在牛僧孺和李林甫之子李德裕上台之後開始的。

唐穆宗在位期間，牛僧孺曾一度為相，一次科舉考試由牛黨人物錢徽主持，其中牽涉李宗閔等人。時任翰林學士的李德裕指斥李宗閔等人主持科考舞弊。結果李宗閔等人被貶官，鬥爭逐漸趨於複雜化。

就這樣，朝廷中形成以牛僧孺、李宗閔為首的「牛黨」和以李德裕為首的「李黨」兩派，相互傾軋四十餘年。牛李兩黨的政治主張截然不同，主要表現在：李黨力主摧抑藩鎮割據勢力，恢復中央集權；牛黨反對用兵藩鎮，主張姑息妥協。

其實，這樣的爭論仍然是有一定的歷史意義的。可是自長慶以後，黨爭的內容已經絲毫看不到有意義的內容，而完全是一些能將對手打倒在地的雞毛蒜皮的小事。唐代黨爭已經完全演變成了一場爭權奪利的政治鬥爭，這正是唐代黨爭的實質所在。官僚之間的鬥爭不斷升級、擴大。

那麼，牛李黨爭之事與晚唐著名才子李商隱又有何關係呢？為什麼說李商隱是牛李黨爭的犧牲品呢？原來，這一切都與牛黨的令狐楚有關。據《舊唐書·李商

李商隱

隱傳》的記載，李商隱少富文採，儒雅風流，深受當時鎮守河陽的令狐楚的賞識。按照這個節奏，在令狐楚的引薦下，李商隱的仕途必將一片輝煌。可不巧的是，鎮河陽侍御史王茂元也對李商隱青睞有加，並將自己的女兒嫁給了李商隱。王茂元是李黨領袖李德裕的親信，李商隱娶了王茂元的女兒，無形中就是靠攏了李黨。此事被令狐楚知道後，大罵李商隱背信棄義，任李商隱多次找令狐楚解釋自己並無心與牛黨為敵，仍得不到令狐楚的原諒。

由於處境尷尬，李商隱既沒辦法與牛黨交好，失去了被引薦的機會，又不想借著岳父的關係走入政壇。再說李黨對於李商隱曾與牛黨親密接觸的事情始終有所忌憚，更不可能舉薦他。

結果滿腹經綸、才情高絕的李商隱一生備受冷落，黯然而終。或許對於李商隱而言，他的心中並沒有黨派之分，不然他也不會私下結交文人，從不過問對方黨屬。不過，他的心坦蕩自然，並不等於別人也同樣擁有君子之心，所以憑君子之心結識小人，又如何能得善終呢？

看歷史上歷朝歷代「朋黨之爭」，漢、明兩朝主要是宦官與外戚或朝臣的權力之爭，宋朝則是朝臣的政見之爭，唯有唐朝的朋黨之爭畸形可笑，它不過是公卿顯官集團（李黨）同豪強地主、暴發戶庶族（牛黨）之間的衝突。這種鬥爭只會使一個國家越來越貧弱，而不是通過激烈的碰撞，擦出新的火花，更沒有正義與邪惡可言。

所以說，處在此類夾縫環境的李商隱，儘管有再大的才華，於倍顯無知的鬥爭中也一樣要成為犧牲品。

宋太宗為何不禁反推廣《推背圖》

　　《推背圖》是中國古代著名的政治預言書，據傳是唐朝太宗皇帝時期天相家李淳風和袁天罡所著，本來是用以推算大唐國運的書籍。相傳李淳風某日日觀天象，得知武后將奪權之事，於是一時興起開始推算起來是否屬實，竟推算到唐以後中國2000多年的命運脈絡。袁天罡見狀推了李淳風的背一下，神祕地說道：「天機不可泄露。」於是李淳風再沒有敢繼續推下去。但《推背圖》卻因袁天罡這一推而得名。

　　《推背圖》一經問世，最初並沒有得到重視，但經過幾百年的見證，上面所寫口訣竟與真實歷史有八分切合，使歷朝歷代的統治者膽顫心驚，一直將其列為禁書。不過，有一個統治者卻一改常態，大肆發行《推背圖》，這個皇帝便是宋太宗趙光義。

　　趙光義以趙匡胤的弟弟身分接替皇位，在歷史上一直都有爭議。而他登基稱皇的手段，民間也有種種猜測，傳說他弒兄奪位者不在少數，而趙光義也知道自己的名譽有問題。但他本人除了有很強烈的野心之外，也的確是個勵精圖治的好皇帝，在位期間不僅大力推進全國的統一，而且施行多種政策穩定民心，使宋王朝出現了前所未有的盛世景象。

　　然而就在此時，民間有傳言說《推背圖》預示了大宋王朝會在宋太宗這一朝滅亡。其實從宋王朝的經濟實力和軍事實力來看，正如日中天，很顯然民間的謠言是非常荒誕的。但百姓容易

受到愚弄，因此逐漸顯露了惶惶之態，特別是京城開封，更是人心浮動。開封府尹見狀不好，立刻將情況如實上奏給宋太宗。

宋太宗暗道：必定是有人借《推背圖》危言聳聽，製造危害宋室的言論，如果事態繼續發展下去，一定會引起內亂。於是立刻下令查禁《推背圖》，將之列為國家禁書，如有人家私藏此書，不但查抄，還要遭受嚴懲；凡是發現有四處造謠者，即入獄接受嚴刑。

宋太宗的這種做法是大多數統治者辟謠的常用手段，不過謠言越是禁止，就越會被人傳來傳去；《推背圖》越是被禁，就越有人敢於犯上，在民間私下發行。一時間不但沒有把《推背圖》的事情壓下去，反而更激起民間的輿論熱潮。於是便有大臣向太宗皇帝進言，查禁不宜，應當另行尋找對策。宋太宗向來心思縝密，略一思考，忽然大笑起來，對臣子道：「大禹治水，不禁而疏，效果極佳。查禁一事可以效仿，不必再禁《推背圖》，索性大肆發行，讓百姓隨意購買，自然能止謠言。」

大臣依太宗之言照做，開始大量出版《推背圖》，最後無論京城內外，家家有一本《推背圖》。因為發行量過大，百姓對《推背圖》的神祕性開始質疑，逐漸也就忘記了《推背圖》預言這碼事，很快關於宋王朝即將滅亡的謠言便消失無蹤。

太宗一步以退為進的棋法，令謠言不攻自破，實在是高明之極。

《推背圖》書影

李煜責令畫《韓熙載夜宴圖》的目的為何

　　中國歷史上的畫作聞名遐邇者不在少數，《韓熙載夜宴圖》正是其中一卷。此畫卷分多幅，如同一幅連環畫，繪製了南唐著名官員韓熙載家開宴行樂的場景，包括琵琶獨奏、六幺獨舞、宴間小憩、管樂合奏、夜宴結束五幅畫卷。

　　畫中無論人物、事物，皆筆法細膩，活靈活現。整幅長卷線條準確流暢，工細靈動，充滿表現力，設色端麗雅致，層次分明，神韻獨特，簡直是神來之筆。

　　這樣一幅絕世畫作，在得到千年盛譽的同時，於當代卻有人提出，其實如此名畫是一份「諜報」。該評價頓時在文化界掀起一陣討論熱潮，為什麼名畫竟成了諜報圖呢？這要從畫作的由來談起。

　　《韓熙載夜宴圖》所畫的既然是南唐名臣韓熙載，圖畫的背景當然就是南唐。李唐末年，各路節度使、太守、軍閥趁勢而起，將大唐江山撕分食之。其中，偏居於江西、浙江一帶的南唐國，自稱為李唐正統遺脈。

　　韓熙載就生活在南唐國君李煜在位時期，那時韓熙載已經是權傾朝野的大臣。若說李煜與韓熙載的關係，只能用微妙來形容，卻不能說二人關係緊張，因為韓熙載還是忠於國家、忠於國

主的人，只不過他時常頂撞李煜，叫後者對他的防備之心越來越盛。

時值國勢衰微之際，李煜新娶小周后周薇，大臣們紛紛恭喜，沒有一個人敢說李煜沈迷酒色，韓熙載卻寫了一首諷刺詩。李煜看了之後也是無奈。韓熙載此人頗有諍臣和諫臣的風範，為人耿直，李煜對他是又愛又恨，升了他的官又想踢他下台。

不久，趙宋於中原興盛起來，南唐岌岌可危，滿朝文武均知大勢已去，想必韓熙載也是意識到了這一點，於是再也不上朝，而是終日在家飲酒作樂，夜夜笙歌。此事傳到李煜耳中，頓時氣不打一處來，於是叫了兩個非常有名的畫室去參加韓熙載的夜宴，並將夜宴的場景細細刻畫出來。

韓熙載夜宴圖

　　經過幾個月的工夫，李煜接到了在未來遐邇中外的《韓熙載夜宴圖》，欣賞來欣賞去，最終吩咐人將此畫送給了韓熙載。此時這位李後主的行為不禁叫人詫異，他明明派人做間諜去韓熙載府上參加晚宴，又花了數月的工夫讓人將《韓熙載夜宴圖》畫好，如此大費周章，怎麼還要把夜宴圖送給韓熙載呢？

　　其實，仔細一想，如果李煜真的想要找人做間諜監視韓熙載，只要派身手矯健的探子盯著後者就行，沒有必要派人參加晚宴，還命人作畫。他之所以這樣做，就是想借畫告訴韓熙載：你作為重臣如此墮落，國家怎麼能再次興旺起來？

　　不過，韓熙載似乎並未領會李煜的用意，依然過著放蕩不羈的生活，李煜在失望至極之下決定將韓熙載遷至洪州。韓熙載這才知道李煜並不是軟柿子，慌忙借此機會告老還鄉，再不攝政。李煜念在他對南唐江山有功的份兒上，將他放逐出了金陵。

　　《韓熙載夜宴圖》是否真的是份諜報，沒人能肯定的回答。不過這幅畫的歷史價值和文藝價值，會被人們永記在心。

范仲淹的改革為何走向失敗

當代學者李存山曾如此評價過范仲淹的「慶曆新政」：「如果范仲淹的慶曆新政得以『盡行』，則不會有『熙寧之急政』。」有很多歷史學家也曾有過類似的言論，極大地肯定了范仲淹「慶曆新政」的優秀，認為他的新政如果能夠順利進行，也就不會有王安石變法事件的產生。可是，時代並沒有給范仲淹盡情發揮的空間，宋王朝就這樣失去了圖強的機遇。

究「慶曆新政」失敗的原因，與君主昏聵有一部分關係，與時代背景也有關係。當時宋王朝正面臨著西夏強兵的威脅，宋仁宗慶曆元年（1041年），宋軍面對西夏軍全面崩潰，宋王朝只得以歲貢來換取和平，在外交上採取守勢。

此時此刻，國內官僚隊伍龐大，行政效率低，財政收入入不敷出，土地兼併嚴重，人民生活困苦，不時爆發的農民起義嚴重威脅著宋朝的統治。內外交困之下，宋仁宗痛下決心進行改革。遂於慶曆三年（1043年），宋仁宗任命范仲淹、富弼、韓琦同時執政，歐陽修、蔡襄、王素、余靖同為諫官。宋朝歷史上有名的「慶曆新政」開始了。

范仲淹認真總結從政28年來醞釀已久的改革思想，很快呈上了著名的新政綱領《答手詔條陳十事》，提出了十項改革主張：明黜陟、抑僥倖、精貢舉、擇官長、均公田、厚農桑、修武備、減徭役、覃恩信、重命令。宋仁宗在朝商量，表示贊同，便以詔

令形式頒發全國。

於是，北宋歷史上轟動一時的慶曆新政就在范仲淹的領導下逐步開始，短短幾個月，政治局面已呈現出嶄新的面目：官僚機構開始精簡；以往憑家庭關係做官的子弟，受到重重限制；昔日單憑資歷晉升的官僚，增加了調查業績品德等內容的程序，某些領域特別優秀的人員，得到破格提拔；科舉考試中，突出了實用性內容的考核；全國普遍辦起了學堂。

新政的措施切中宋朝的時弊，但慶曆新政的內容卻與宋朝立國的方針相衝突，這就注定了慶曆新政必然的失敗。宋仁宗改革的初衷是為了解決財政危機和軍事危機，是要富國強兵，但是范仲淹、富弼的各項改革措施包括：「明黜陟」、「抑僥倖」、「精貢舉」等，中心思想就是要裁汰不稱職的官員。而當時北宋的官僚，已經是暮氣生成的腐朽政治集團，真要實行上述改革，大概百分之九十以上都得丟官。

當下的形式就是：要改革就要犧牲士大夫階層的利益。可是，犧牲了士大夫就動搖了自己的統治基礎。權衡之下，宋仁宗還是選擇了因循守舊，以穩定為大局。

「昨夜因看蜀志。笑曹操、孫權、劉備。用盡機關，徒勞心力，只得三分天地。屈指細尋思，爭如共、劉伶一醉。人世都無百歲。少痴呆、老成尫悴。只有中間，些子少年，忍把浮名牽系。一品與千金，問白髮、如何迴避。」

范仲淹的政治理想、人生抱負，終於被現實擊得粉碎，徒留一番沈痛的感嘆。慶曆五年初，范仲淹、韓琦、富弼、歐陽修等人相繼被排斥出朝廷，各項改革也被廢止。

慶曆新政的失敗也與范仲淹的軍人出身有關。宋朝對軍人的防範必然使宋仁宗對范仲淹心懷忌憚，這不僅導致了范仲淹個人

的悲劇，也是整個宋朝的悲劇。

　　宋仁宗的個性也注定了新政不會成功。想改革時急不可耐，但遇見困難就撒手不管，宋朝皇帝的荒唐在歷代王朝中無出其右者。後來的宋徽宗更加不堪，金兵入侵時，竟把皇位扔給兒子，自己一走了之。宋朝皇帝中除太祖、太宗算是比較聖明的皇帝外，其他的似乎一開始都想振作朝綱，但都堅持不了多久。

　　宋仁宗已經是難得的一位肯一改國體的君王。但性格本身有著優柔寡斷的一面，平素也比較膽小，生怕皇權被動搖。有了這種皇帝，慶曆新政失敗也在情理之中。

　　廢除慶曆新政，實際是為了皇室利益犧牲了改革。慶曆新政為以後王安石的熙寧變法開創了先例，但也預先宣告了熙寧變法的失敗。因為，宋朝一開始就把基礎建立在一個墮落士大夫的基礎之上，而正是他們造成了國家的內困，也是他們造成了國家軍事上的弱勢，同樣也是他們堅決地維持著宋朝的這種狀態，令宋朝走向滅亡。

　　「功名得喪歸時數。鶯解新聲蝶解舞。天賦與。爭教我悲無歡緒。」若干年後，南宋兵敗滅亡，文天祥在大都的牢中痛定思痛，痛心自己的改革主張沒有得到實施。宋朝錯失了最後一次拯救自己的機會，而慶曆新政失敗時，宋朝早已將滅亡的難堪隱隱透露給天下之人。

　　只可憐范仲淹「先天下之憂而憂，後天下之樂而樂」的報國情懷，本是當世人心中永遠的痛，卻都付後人的笑談之中。

160

司馬光為何極力反對王安石變法

　　宋神宗趙頊在位年間，宋王朝出現嚴重的內在危機。國家正亟待改革，而王安石應運而出了，宋王朝迅速掀起了熙寧變法的改革之風。此時的司馬光正值青年，在歐陽修的推薦下晉升為翰林學士兼御史中丞，在改革風中本可以做一番事業。但是他卻與王安石站在了截然不同的角度。王安石的變法，激進革新，忽略了一些傳統固有的情況，幾乎顛覆了趙氏王朝祖宗留下來的所有治國規矩，在司馬光看來：「先王之法，不可變也。」

　　站在當世的角度，司馬光的擔憂不是沒有道理。變法意義在於減輕農民處境問題，但是許多政策反而變成了強制攤派給農民，使他們的生活更困苦。許多貪官污吏利用變法，乘機搜刮地皮，私下做盡壞事。一時間變法大失民心，百姓怨聲載道。

　　王、馬二人爭執的糾結之處，首先就從此處開始。王安石認為變法可增財政，減少農民負擔，因為善理財者，可以使「民不加賦而國用足」。但司馬光卻認為：「天地間物產總有一個定數，不在民、便在官，你所謂的善理財只不過是盤剝百姓罷了」。言下之意就是王安石非但沒有減少民之負擔，反而更增加了民眾的困苦。

　　司馬光這樣說是有根據的。首先，我們必須要了解王安石變法的內容以及其運行機制。在經濟方面，施行方田均稅法、均輸法、青苗法、農田水利法、募役法、市易法；軍事上施行保甲

法、裁兵法、將兵法、保馬法、軍器監法；科舉選材方面，施行太學三捨法、貢舉法。撇開其他政策不談，但就一個「市易法」，就足以證明王安石變法的弊端之處。

熙寧五年（1072年）三月，國家頒行市易法。由政府出資金一百萬貫，在開封設「市易務」（市易司），在平價時收購商販滯銷的貨物，等到市場缺貨的時候再賣出去。同時向商販發放貸款，以財產作抵押，五人以上互保，每年納息二分。以達到「通有無、權貴賤，以平物價」的目的。

乍看「市易法」很像是國家宏觀調控的手段，可是卻與宏觀調控大不相同。宏觀調控管理市場，國家本身是不參與經營的，只是平抑物價。但「市易司」從事的卻是買賣生意，這其中自然牽涉到利益問題。「市易司」雖然不能像商人奇貨可居一樣牟取暴利，但是為了盈利，在收購和發放時就會有回扣的問題存在。「市易司」本來作為國家機構存在，如今卻打上了商業壟斷組織的徽章，商人們為了能從「市易司」那裡獲得收益，就必須要給司中官員以賄賂。如此一來二去，大量的貪官污吏在「市易司」中產生了，百姓還是得不到實惠，反而更加受到政府的剝削。官方經商，竟是禍國殃民。

「市易法」剛出台沒多久，蘇軾就曾上書王安石陳述以上弊

司馬光

王安石

162

端，許多官員也對種種變法有微詞，司馬光也在其中。但王安石非但不聽，還以「人言不足恤，天變不足畏，祖宗之法不足守」的理由，令近臣蔡京等人將神宗圍在了變法的輿論範圍內，忽略了朝內上下反對的呼聲。

王安石的變法或許好意居多，但卻有不周全的地方。司馬光大為反對作為好朋友的他，也在情理之中。不過司馬光的反對，也有其刻板的一面，在司馬光看來，治理天下就好比對待房子，壞了就加以修整，不是嚴重毀壞就不用重新建造。改革要穩妥，因為「重建房子，非得有良匠優材，而今二者都沒有，要拆舊屋建新房的話，恐怕連個遮風擋雨的地方都沒有了。」

司馬光的這些觀點未免迂腐，這是時代和社會給士大夫的心理束縛，在所難免。

一開始，司馬光只對新法持反對態度，後來才用激烈的言詞彈劾王安石。兩人由莫逆之交發展到互相攻擊，用司馬光的話來說，最後變成「猶冰炭之不可共器，若寒暑之不可同時」的死對頭，在無休止又無效益的爭論中同歸於盡，王安石戴上「熙豐小人」的帽子被千夫所指，司馬光則作為反對王安石的元佑（宋神宗之子宋哲宗第一個年號）守舊黨，背上「元佑奸黨」的罪名被後世唾罵。

司馬光一輩子維護了帝王宗法，落得千古罵名，然其政治生涯卻也不見多麼痛快。王安石下台了，他最後也下台了。一場翻天覆地的變法，恰似在二人面紅耳赤的爭鬥中結束了。

朱元璋為什麼製造胡惟庸案

　　明王朝建立伊始，經過十幾年的精心治理，終於走上正軌，但太祖朱元璋並沒有安下心來。他的多疑令他無法盡信江山能夠穩守，唯恐有謀臣造反，只有皇權完整地獨立，控制整個國家生殺之事，才能保證明王朝的千秋萬代。於是，因此而成為犧牲品的明朝將相不在少數，其中宰相胡惟庸算是最大的犧牲品。

　　朱元璋為何大張旗鼓地製造胡惟庸案，至今都是一個謎，沒有人能夠觸摸到它的真相，很多事情都是後人的分析與猜測。

　　關於胡惟庸獲罪的原因，歷史上有兩種說法：

　　一說是胡惟庸位高權重，心生他意，同倭寇與舊元勾結，意在弒君，結果事情敗露。另一種說法是胡惟庸引朱元璋來家裡觀看醴泉，這被認為是天賜的祥瑞之事，所以朱元璋欣然前往，結果在路上被一個宦官攔住，訴說胡惟庸謀反的陰謀。

　　不管是哪種材料，都是疑點重重，真實情況已無從考證。但是胡惟庸謀反一事，在皇帝那裡就是事實，這是十惡不赦之大罪，死是死定了，沒想到他的死，卻使許多人受到株連。開始是他的家人，被誅了三族，連同同謀及告發者一並斬首。

　　隨後朱元璋借此東風，一舉撤銷中書省，不再設丞相。隨後又追查了依附胡惟庸的官員和六部官屬。結果此案遷延十餘年，大小官員被處死者多達3萬餘人，朝野震動。

　　錢穆在《中國歷代政治得失》一書中講道：自古以來，中國

的皇權和相權是劃分的，即使兩種權力的比重不同，相權對皇權有一定的制約，並不是皇帝一人專制。而政府真正由一個皇帝來獨裁，則是在明清兩代，始作俑者，就是這位明太祖朱元璋，他廢止宰相一職，並嚴格規定子孫們永遠不准再立宰相。殊不知世上的事情是沒有永遠的，從明朝中後期的事情來看，皇帝們總是濫用手裡的權力，為所欲為，最終沒能守住祖宗的這份基業，在祖宗這裡也許能夠找到根由。

胡惟庸一案的血流成河，並沒有讓朱元璋放心，因為宰相雖然沒有了，還有很多勞苦功高的大臣，難以保證他們不會起異心，於是他又舉起了屠刀，洪武二十六年（1393年）正月，藍玉案起。藍玉以謀逆罪被殺，連坐被誅殺者達1.5萬人。

縱觀中國歷史，開國皇帝與功臣之間總會有不和諧的音符。其中唐太宗李世民處理得最為妥當，這是因為他氣量恢宏；宋太祖趙匡胤「杯酒釋兵權」，也自有其合理之處，而漢高祖劉邦和朱元璋都是大殺開國功臣。

其實兩者也有區別，朱元璋身邊的人都是他的同鄉，和他出生入死，與他的交情非同一般。建國之後如果讓他們恪守君臣之禮，或永不起異心，這是任何人都不能保證的。因此，為了給以後的子孫掃清道路，他選擇了斬草除根。

據史書記載，太子朱標對朱元璋大開殺戒曾數次勸諫。一次，朱元璋命人找來一根長滿尖刺的荊棘放到朱標面前，讓他去拿，朱標畏懼不敢伸手。於是朱元璋說：「汝弗能執與，使我潤琢以遺汝，豈不美哉？今所誅者皆天下之險人也，除以燕汝，福莫大焉！」意思是說，我殺人就像去掉荊棘上的尖刺一樣，這樣你將來才可以安坐天下。這話說得倒也在理，朱標無可反駁。

但是朱元璋的屠戮如此聳人聽聞，也與他本人的性格有關，

清代史學家趙翼說過這樣的話：「獨至明祖，藉諸功臣以取天下，及天下既定，即盡取天下之人而殺之，其殘忍實千古所未有。蓋雄猜好殺，本其天性。」

無論如何，經過胡藍案，宰相一職取消了，開國功臣也被屠戮殆盡。從此皇帝身兼君主與宰相，行使著皇權和相權，集吏、戶、禮、兵、刑、工六部職責為一體，控制了一切生殺大權。

不過，明王朝或許是不幸的，自朱元璋死後，其子孫「聖賢、豪傑」者少，「盜賊」性者多，從而造就了大明一朝十幾位個性鮮明的皇帝，在是非、人倫顛倒中，左右了明王朝200多年命途。只可憐最後一位欲做大事、勵精圖治的崇禎皇帝成了王朝的犧牲品。

北京如何成為明朝的政治中心

　　若從風水學的角度來看，君王選都城位置一般遵循四個原則：地大、山大、灣大、「明堂」大，其實也就是地緣遼闊，有山水可依，又不顯窄小的地方。古人說龍脈集結之處適宜建都，其實正遵循這個原則。

　　所謂龍脈，即「山龍」和「水龍」。山為陰，水為陽，陰陽交匯符合三才（天、地、人）協調生活的規律，有龍脈的地方建都，自然再好不過。金代帝王一眼瞧中了北京（燕京），正是有此原因起了作用。所以元人也捨不得這風水寶地，燕京就這樣作為元大都存在了百餘年。

　　公元1368年，朱元璋創立大明王朝，定都金陵（南京）。可惜金陵偏安江南，朱元璋大概是想到定都南方的王朝多是短命，所以總是有塊心病。他一度選取了大梁（開封）、鳳陽等地作為遷都的位置，但都擱置了。後來又想到進入關中（長安）寶地，可惜未等實現，太子懿文不幸夭折，年事已高的朱元璋痛心疾首，再無力謀劃遷都的事情，不久便一命嗚呼。

　　大明王朝當然並不會因為朱元璋沒有遷都而短命。只不過將都城改遷至北方的是曾經的燕王朱棣而已。朱元璋一生共有二十六子，包括太子懿文在內，數第四子朱棣最為能幹。朱元璋還在世時，將東北、西北分為九地給了九個兒子，其中北平（燕京）正是朱棣的封地，故而朱棣被稱為燕王。

懿文太子未死之前，朱棣縱有野心，但也不敢奪嫡，畢竟有朱元璋坐鎮，容不得他亂來。懿文太子、太祖朱元璋相繼過世之後，斯文儒雅的建文帝朱允炆一上位，朱棣在下屬的慫恿之下，野心不可遏止地膨脹起來。遂揮軍南下，一舉「靖難之役」，穩穩當當地坐上了皇位，一代明君就這樣堂而皇之地產生。

明成祖朱棣的一生功績繁多，無論是組織修撰《永樂大典》，還是派鄭和下西洋彰顯國威，似乎都不及他遷都北京對後世的影響大。自明成祖遷都北京，明王朝的政治經濟中心全面轉移，清朝繼之，中華人民共和國又繼之，數百年京都龍脈旺盛，不曾衰竭。

那麼，成祖為何毅然決然地選擇遷都北京，而不選擇關中長安寶地呢？其實若依地利而言，長安確實是不可多得的易守難攻龍脈匯集之處，若論底蘊，北京自然比不過長安千年古都的優勢。成祖究竟因為什麼篤定北京，難道僅僅因為這裡是自己的封地嗎？

其實，成祖之所以敲定北京，元人功不可沒。元王朝確立北京為元大都之後，一直致力於城防建設，燕王的朱棣初來乍到時，北京已經不是往昔的燕雲邊城，而是徹徹底底的繁華都市。再者，北京依地利之險，有抵抗外族的天然優勢。以往的王朝多數將國都建立在北方，正是方便抵禦異族侵擾，穩守國土安全。當然，不可否認的是北京為燕王勢力最穩固的地方，雖然洛陽、關中不失為遷都的好選擇，但都不及北京的優勢多。

另外，成祖定都北京，也是出於方便打壓與自己意見相左的南方士族這個目的。成祖雖然已經坐穩帝位，但仍背著名不正言不順的包袱。當年「靖難一役」，為了鏟除朱允炆的勢力，成祖曾痛下殺手，令南方士族對他又恨又怕。如果他繼續在南京執

朱隸

政，很可能遭到暗算，不如遷都北京，讓一切都在自己的掌控之中，又可以將南方士族打壓於南方一隅，不得動彈。

很顯然，無論從地理方面、還是人性方面，成祖的考慮都是正確而周全的。再說，南京的皇宮雖建在擁有「帝王之氣」的燕雀湖之地，但因為地質鬆軟的原因，在朱元璋晚年時，宮殿已有塌陷凹凸，呈現宮城前昂後窪。依陰陽風水學者的說法，此乃絕後和亡國的徵兆。南京皇城的美中不足叫朱元璋到死也不能釋懷。雖然成祖朱棣不信這套，可是南京總歸不是他立身的好地方，索性乾脆遷都北京。

就這樣，北京成為明王朝的政治中心，伴著中國的風風雨雨走過，城防依然巍峨屹立，雄姿不減當年。

朱棣為什麼要派遣鄭和七下西洋

　　明朝時期，「馬六甲」作為一個王國而存在，現在則屬於馬來西亞。這裡之所以聞名於世，是因為它擁有一條著名的海道——馬六甲海峽，是連通東方與西方的海上要塞。

　　如今的馬六甲，仍能看到鄭和當年下西洋的痕跡，那裡有鄭和當年寶船的複製品，有懸掛著無數中文招牌的店面，有各種各樣的玉器、字畫和木雕工藝品在出售，還有長長的中國街，以及祠堂這在中國已經很難覓其蹤影的古老習俗。

　　據說，這裡居住的華人正是當年鄭和下西洋時留下來的一些船員，他們在此開枝散葉，一代代的後人都沒有回過家鄉，卻能用純正的漢語說自己是中國人。

　　鄭和七次下西洋，是中國古代航海史上最輝煌的事蹟。明成祖下令遠航此舉，更是在後世被人所稱頌。不過，我們考察當時明史中對航海政策的描述，就知道明代海禁甚嚴。那麼明成祖為何要派遣鄭和七次到西洋巡遊呢？有人考證說，成祖此舉是為了尋找下落不明的建文帝。

　　靖難之役後，建文帝的屍體一直沒有被找到，所以有人推測他應是南下或者流亡海外。由於建文帝不但得到中土百姓的愛戴，更得中國周邊國家的認可，為正統之中國皇帝。因此朱棣登基以後，生怕民間說他乃亂臣賊子，所以他勢必要找到建文帝，令後者給予自己以名正言順的皇帝資格，以便朱棣統治中土江

山，同時與周邊各國建立睦鄰友好關係。

　　鄭和下西洋尋找建文帝的這種說法還有待商榷，因為如果單純是為了尋找退位皇帝，明成祖朱棣沒有必要吩咐鄭和帶著大量中土的特產和財物四處贈予東南亞、南亞國家。仔細考察明成祖的行為，就可以看出他的動機在於籠絡這些周邊國，一方面令其了解到中國的國王已經易主；另一方面，是為了促進中國的外交事業，與已經與明朝政府喪失聯繫的海外諸國重新建交。

　　不過，建交目的只是其一，成祖真正想製造的效果是「萬國順服」的國際形勢。

　　從永樂三年（1405年）至宣德八年（1433年），鄭和率領著當時世界上最大最先進的船隊七下西洋，訪問了印度洋、阿拉伯、東非各國，航程十萬餘里，最南到爪哇，最北到麥加，最西到非洲東海岸。

　　百艘戰艦艦隊以及萬名官兵，航行在茫茫的太平洋和印度洋上，來往於馬六甲海峽，此龐然大物，足可稱霸沿海各國。這番陣仗，不是成祖真的想要侵略周邊各國，而是威懾式的外交戰略，以彰顯大明國威，令萬國對明室不敢小覷。如果有意傾向明室者可以年年朝貢，無意者則不敢對明室輕舉妄動，其中以錫蘭國為典型。

　　鄭和第三次航行時路過小國錫蘭，國王貪婪，欲搶鄭和的

鄭和航海圖

財物，於是讓王子纏住鄭和，並派兵五萬劫掠船隊。情況十分危急，鄭和卻藝高人膽大，僅以兩千人的力量攻佔了王宮，活捉了錫蘭國王，送回中國，結果他並沒有被殺，反而被送回錫蘭，從此這個小國成了明朝的忠實擁躉。

本著人不犯我、我不犯人的外交策略，鄭和七番航行確確實實達到了彰顯國威，宣傳中土先進科學、經濟、文化成果的效果。與此同時，也加強了中國海外貿易的發展，還間接促成了馬六甲及東南亞長達一百年的興盛和繁榮。

而額外的收獲，則使當時中國人的眼界大為開闊。隨從鄭和航行的馬歡著有《瀛涯勝覽》，費信著有《星槎勝覽》，鞏珍著有《西洋番國志》，上面記載了所經各國的風土人情。

這七次下西洋的過程中，鄭和命人繪製的航海圖──《自寶船廠開船從龍江關出水直抵外國諸番圖》蜚聲中外，有重要的學術價值和地理價值，雖然其中不乏錯誤之處，但卻對今人了解古代亞非國家地理情況起著重要的作用。明成祖大概也未想到自己的創舉竟能影響海外數百年之久。

為什麼說歷史與張居正開了個「錯位」玩笑

人說時勢造英雄，殊不知時勢更造就一代人的悲涼和反思。萬曆初年的輝煌只是明朝史上一顆轉瞬即逝的流星，照耀了王朝短暫的強大，大地轉而重新陷入了黑暗。舊時宰相張居正力挽狂瀾於既倒，心繫社稷而圖新，為孱弱的國家動脈注入新鮮的血液，只可惜大廈將傾非一人之力所能及，短暫中興後的倒行逆施使得王朝病入膏肓，而張居正的後世及其家人卻慘遭禍及。

有人說，是歷史與張居正開了個「錯位」玩笑，這種評價倒是中肯。倘若張居正早生幾百年，再碰上明主，相信華夏在他的改革之下將發生翻天覆地的變化，可惜的是，歷史總與那些勵精圖治者玩著不應時的遊戲。

《明史》當中記載的張居正是這樣的：「居正為人，頎面秀眉目，鬚長至腹。勇敢任事，豪傑自許。然沈深有城府，莫能測也。」如果以今人的眼光來看，張居正儀表堂堂，長鬚飄飄，敢作敢為，很有思想，城府極深，既帥氣又有才華，使人可望而不可即。如此翩翩才子，卻生活在了千瘡百孔的明朝中期。

那時的紫禁城每日青煙繚繞，幻想長生不死的嘉靖皇帝深居內宮，修仙煉道，不理朝政，將社稷大業交給了奸相嚴嵩打理。嚴嵩父子趁機為非作歹，貪贓枉法。隆慶皇帝在位六年，極少審

批公文，遇有國家大事，聽任群臣爭議，像啞巴一樣一言不發。當時並不是沒有打算重新振作的人，但每每有人重振朝綱，諸如首輔徐階、高拱等人，卻都難以奏效。這種情況一直持續到張居正繼任首輔。

在張居正看來，要徹底地治好明室的病，就要給國家換血。隆慶二年八月，他托《陳六事疏》中就從省議論、振紀綱、重詔令、核名實、固邦本、飭武備等六個方面提出改革政治的方案，其核心就是整飭吏治、富國強兵，明確地把解決國家「財用大匱」作為自己的治國目標。在軍事方面，張居正重用戚繼光、李成梁等名將，平定外患；在治水患方面，重用潘季馴，把黃河從水患變成水利，把田地從四百二十二萬八千零五十八頃增加到七百零一萬三千九百七十六頃；在內政方面，他提出著名的考成法，裁撤了政府機構中的冗員，為政方針是「尊主權，課吏職，行賞罰，一號令」。總之，至張居正主政以來的明朝形勢是明朝中葉以來最好的時期。

面對幼主萬曆皇帝，張居正如同一個嚴厲的父親，一方面教導幼帝，另一方面把持著朝政。明初皇權過分集中的局面再次打破，張居正令相權再次分離出來。

端看萬曆皇帝在位前期的社會局面，就知道張居正改革的有效性。要知道，張居正的改革是在統治機構近乎解體、財政瀕於破產的局面下，自上而下發動的一場自救運動。改革是觸動社會體制的變革，這雖然是在同一社會制度下的推陳出新、自我完善，卻是「變」字當頭，改變某些不合時宜的規章、制度和政策。與漸行漸變不同的是，改革是帶有矛盾的集中性、突破性和體制性的改變，集中表現為法制的推陳出新，所以又稱為變法運動。

作為一個具有雄才大略的政治家，張居正對明王朝所面臨的問題有深刻的認識。針對外患問題，他倚重抗倭名將戚繼光解決了沿海倭寇，抵禦了北方韃靼的入侵，此外，他利用韃靼首領俺答汗與其孫把漢那吉之間的暗流湧動說服韃靼稱臣。張居正一面和韃靼通商往來，一面在邊境練兵屯田，加強防備，之後二三十年間，明朝和韃靼之間一直沒有發生戰爭。他還通過俺答汗同西藏喇嘛教格魯派首領達賴三世建立了封貢關係，北部邊防的鞏固使張居正可以把注意力轉向國內問題。

對於當時國力匱乏和盜賊橫行的問題，張居正認為是由於吏治不清造成的。官吏貪污，地主兼並，引起部分人錢包大鼓，公家卻是囊中羞澀；加上皇帝太不像樣，揮霍無度，百姓因此吃不飽睡不好，無奈之下上山當了草寇。張居正很高明地把了國家的脈象，政不通，社會問題就得不到解決。於是在萬曆元年（1573年）十一月，張居正上疏對官員實施績效考核，即「考成法」，以便明確職責。針對公文傳遞過程中「上之督之者雖諄諄，而下之聽之者恆藐藐」的弊端，張居正上書皇帝提出公文辦理的改革，以六科控制六部，再以內閣控制六科。朝廷的六部、都察院，其奏疏凡得到皇帝批准的事項，轉行到各衙門，根據事情的輕重緩急、地方的路途遠近，限定辦理的期限，每月底清點。事情辦得怎樣，就靠這條線層層監督，一隻眼逐級盯下去，評定官員的一個指標就是辦事的效率和質量。

張居正在施行考成法時，還將追收賦稅作為考成的標準。一時間，全國各地官員不少因考核成績不合格，或無法繳納賦稅而遭到降職處分。由此官員們再不敢貪污受賄，唯恐丟了烏紗帽。然而，對官吏的管理限制勢必損害官僚豪強的利益，當改革與制度碰撞時，失敗的往往是前者。

不管張居正的改革多麼成功，但他始終是地主階級內部的改良運動。改革雖然清除積弊，澄清吏治，抑制豪強，減輕農民痛苦，可是卻樹立了大地主階級這個強敵。而財政收入的提高，致使官僚豪強大地主更加盤剝百姓。

隨著張居正一死，一度遭受張居正精神壓迫的神宗萬曆皇帝情緒出現大幅度的反彈，開始瘋狂破壞張居正一手建立的國家機器，四處掠奪錢財。新政被廢除以後，國家朝政急遽敗落，既有的危機不僅故態復萌，統治機構還出現了自行解體的趨向，各種社會矛盾環環相扣，交錯而起，一場更為嚴重的危機鋪天蓋地席捲而來。官僚體制被破壞，國家庫藏被耗盡，平民百姓生活在水深火熱中，終於激發民眾起義，此起彼伏多達四十多次，全國各地怨聲載道，朝堂動盪不安。

一場轟轟烈烈的改革，成果輕易地被破壞，這究竟是張居正的悲哀，還是大明王朝的悲哀？尋根究柢，是體制的弊端造成了改革的悲劇。而對於張居正這個人，歷史上有人罵，有人捧。有人說，張居正「固然不是禽獸，但是他也並不志在聖人。」仔細琢磨，此說法竟也中肯。張居正只是一心一意為他的國家傾盡心力，只不過是時代沒有給他很好的機遇而已。

康熙為何簽訂不合算的《尼布楚條約》

　　16世紀後期，沙皇伊凡雷帝時就開始了對西伯利亞和遠東的殖民過程。1636年俄國人到達鄂霍次克海征服了西伯利亞，令遠東地區成為俄國人的殖民地。

　　由於遠東地區靠近清疆界的地區只有伊爾庫茨克等幾個小鎮，一開始清王朝並沒有矚目沙俄的侵略性行為。但是自17世紀中葉起，沙俄軍便越過外興安嶺，侵入中國黑龍江流域燒殺搶掠。不過，此時俄軍勢力並不強大，其中最大的一支沙俄軍隊僅僅600人而已，特別是侵佔雅克薩和尼布楚的軍隊人數，最高時不過3000多人。

　　沙俄軍數量之小，又因西伯利亞與莫斯科格外遙遠，所以武器裝備更新換代極慢，彈藥也不富足，根本不能與有黑龍江、松花江等水上運輸便利條件的清軍抗衡，更何況清軍還有葡萄牙人的大炮助陣，其火器營的火槍火炮更是威力十足，震懾海內。

　　不過，沙俄軍似乎未被清軍實力所威懾，屢次小範圍騷擾清王朝邊境，終於還是激怒了大清這位少年天子。於是在清朝北邊境發生了一場著名的戰役，這場戰役我們可以從小說《鹿鼎記》中一睹風采。

　　歷史上有沒有韋小寶雖然是未知之事，但清軍與俄軍的戰爭

卻是不爭的事實。1685年，康熙剛剛平定「三藩之亂」後，就於當年的5月22日派彭春帶領精兵5000人從璦琿起兵，分水陸兩路圍攻雅克薩城。5月25日，在清軍的炮火當中，沙俄侵略軍步步後退，大敗而歸，只好舉手投降，答應撤出雅克薩城。

清軍不疑有他，就漸漸地將部隊撤回。

哪知道剛剛離開的俄軍又偷偷進入雅克薩城，沒多久便將這裡變成聚居地。康熙皇帝屬意當地將領督促沙俄盡快撤軍，但沙俄仗著冬季雅克薩易守難攻的優勢，對清廷的警告視而不見。

第二年春天，清軍重整旗鼓，彭春、薩布素兵分兩路合圍雅克薩，用葡萄牙大炮日夜轟城，令俄軍死傷慘重，俄軍又一次舉起白旗。不過康熙帝卻並未除掉沙俄俘虜，而是放了他們，還讓他們帶著兵器和財物離開。

康熙帝還與沙俄簽訂了《中俄尼布楚條約》，內容規定如下：

> 外興安嶺以南、格爾必齊河和額爾古納河以東至海的整個黑龍江流域，烏蘇裡江流域的土地，全部屬於中國；外興安嶺與烏第河之間的地區，暫行存放，留待以後再議；凡一兩人越界捕獵或盜竊，立即卸械，送回本國處罰，凡數十人結夥，持械越界、殺人掠奪者，捕拿送回本國，處以死刑；兩國人民持有護照者，可以過界往來互市；訂約以前的逃入不必遣返，訂約以後，兩國不收逃犯。俄國人在雅克薩所建城障，應立即拆除，在此居住的俄國人，應全部遷回本土。

單從內容上看，中國站在勝利一方非但沒有得寸進尺，反而是損失了北方的土地。康熙帝簽訂條約此舉簡直令人匪夷所思。

　　不過，仔細考察當年中國北方邊境的情況，就可以了解到康熙帝這樣做的原因。那時蒙古各部族對清王朝嘴上臣服，心卻有反意，而沙俄的侵略軍正是蒙古各部的敵人。

　　以康熙帝的聰明才智，當然懂得運用「鷸蚌相爭，漁翁得利」的道理，他雖然出賣了東北領土，但大多數地方為蒙古部族擁有，於大清王朝毫無損失，而他不對沙俄軍趕盡殺絕，也是為了讓沙俄軍遏制蒙古的勢力。

　　如此看來，康熙皇帝的深謀遠慮確實是令人欽佩之極，不愧為中國古代最富盛名的君王。

康熙帝為何要祕密立儲

　　自秦漢以來，我國古代皇家皆遵循嫡長子繼承制。但不管在哪一年代，均有皇子爭位的慘劇發生。秦始皇因猶豫立儲，在臨死前屬意扶蘇即位，卻因時間緊急未能詔告天下，所以被趙高、李斯等小人有了可乘之機，篡改遺詔。結果令秦王朝歷兩世而滅亡。秦皇和歷朝立儲君的教訓，令後世王朝不得不想盡各種辦法避免禍起蕭牆，但似乎都不是很見效。

　　於是到了清朝康熙帝晚年的時候，這位聞名中外的聖君面對著15個兒子，籌劃如何冊立儲君而不會引發宮變時猶豫了。

　　康熙的嫡系長子胤礽曾在康熙十四年被立為皇太子，後被廢黜，復又被立，結果康熙帝還是廢了這個太子。以後多年，康熙帝都未曾提出立儲一事，朝中大臣為此甚是擔心，曾多次請求皇帝早立儲君，以免夜長夢多。但是康熙帝心中卻總是猶豫不決，太子被立廢兩次，就是因為宮中繼承皇位的爭鬥過多而導致的，康熙皇帝生怕自己再選錯了人，引發宮廷血案。

　　至此，選儲君一事懸而未決。

　　經過多年的籌劃和總結，康熙帝開始實現自己的立儲計劃，一切都在祕密的進行，大多數朝臣均不知情，只有部分朝臣參與了計劃的實施。自古選立帝王的標準，皆是以有德者承大位，康熙帝具體選擇了哪一個兒子繼承儲君，諸位大臣皆不知曉，立儲詔書也沒有人親眼見到。

此時康熙帝業已病危，仍不缺防人之心，恐怕也是恐懼有人知道立儲的人選，會對未來的皇帝不利。不僅如此，康熙帝也有這樣的考慮，一旦他所選定的人選在考察期間做出不當的行為，詔書可以任他及時修改，而不被任何貴族勢力所左右。畢竟每個皇子的背後均有清廷的各脈勢力，一旦令各派知道所立皇儲是哪一子，再想要廢掉此子就不容易了。

康熙帝思慮相當之周密，他的做法也是將皇權專制集中至頂峰的表現，讓儲君之事再也不受其他勢力集團左右。

對於康熙帝祕密立儲的行動，不能不說這是我國古代皇室立儲君最好的辦法之一。但是康熙帝千算萬算仍算漏了一點，由於詔書過分保密，也便給了他的諸位兒子任意篡改詔書的空子（漏洞）。雍正皇帝胤禛登基一事至今為止都是一個未解謎題，傳聞康熙帝中意的是其十四子胤禵，而被四子胤禛臨時篡改了詔書；又有傳聞說康熙帝實際上傳位給胤禛的目的是為了讓胤禛傳位給弘曆，也就是未來的乾隆皇帝。

因為弘曆自幼得康熙所喜愛，此子頗有祖父的風範，所以康熙的詔書上的的確確寫的是胤禛。可惜的是，康熙傳位的真相究竟是什麼，成為了人們心中永遠的問號？

雍正為何詔令驅逐傳教士

　　來到中國最早的一批傳教士，以16世紀的利瑪竇最為有名，繼利瑪竇之後，德國耶穌會士湯若望於17世紀初滿懷著對東方的幻想來到了中國的明王朝，歷經幾代皇帝變更，甚至目睹了明清朝代的更替。

　　數十年來，湯若望一直從事著曆書的編纂和整理，深受皇帝的賞識，清軍入關之後，湯若望便被順治皇帝所接納，他的學識深深打動了清廷的王室，包括孝莊太后、順治皇帝在內，很多人都從他身上學到了許多西方的自然科學知識和人文思想。

　　對於湯若望等傳教士受寵之事，大臣鰲拜深感為恨。鰲拜認為，過多聽信西學，會動搖清王朝的傳統根基，因此湯若望不除不行。於是他和反對西學派的大臣聯合起來陷害湯若望，由於剛剛登基的康熙小皇帝尚未能完全把持朝政，所以無法營救湯若望，直到孝莊太皇太后出面，湯若望等西學者才走出監牢。

　　然而，從鰲拜的身上就可以看到，清王朝的絕大多數臣子對西學和傳教士都是有所忌憚的。雖然康熙皇帝對西洋科學甚是沈迷，常常仔細鑽研，並鼓勵天主教在中國發展、允許傳教士傳教，可是他的兒子雍正皇帝卻對傳教士深惡痛絕，甚至將傳教士逐出中國，殺害大批西學者。

　　雍正皇帝之所以這樣做，起因源於福建一起教會案件。雍正元年（1723年），福建省福安縣有一個生員教徒突然棄教，向官

府告狀，聲稱教士修建教堂，大肆斂財，教堂裡男女混雜，實在是敗壞風氣，有辱斯文。

對於封建傳統禮教甚是嚴格的古代社會，男女一向不得逾越，但西洋教會卻並沒有這種限制，而西學主張的民主思想、人人平等對君權提出挑戰，更是動搖大清社稷之根本。雍正皇帝越發覺得傳教士具有無形的危險性，幾經思量，終於下詔全國驅逐傳教士。

雍正驅逐傳教士是逐步進行且手段緩和，他的驅逐理由即是西洋傳教的覆蓋面積過大，有意識形態侵略的嫌疑，同時也妨礙了其他宗教的發展，所以傳教士在中國的活動應當被有效地遏制。另外，康熙皇帝在位期間，羅馬教皇於1715年發布禁令，嚴禁中國教徒尊孔祭天，康熙帝對此非常震怒，於是下令只有承認中國禮儀的教士才能留在中國，意思是與羅馬教皇分庭抗禮。雍正帝作為康熙帝的繼承人，自然不能在氣勢上輸給對方。

還有一件事情是雍正帝不得不擔心的。由於西洋傳教士所宣傳的思想是反封建、反專制的，因此民間有很多組織借西學的名義策劃反動活動，令清廷不堪滋擾，所以傳教士驅逐活動就刻不容緩迫在眉睫了。

種種原因疊加在一起，令雍正帝下定決心驅逐傳教士。就這樣，西方傳教士漸漸從中土各地消失殆盡，只在廣州一帶還有活動。一些留在南洋的傳教士依靠辦新聞報紙的方式立穩腳跟，卻再也不敢以傳教的名義暢遊中國。清王朝也是自雍正帝開始，實行了閉關鎖國政策，這無疑加速了清王朝落後和滅亡的趨勢。

清廷為何不願讓外國使節常駐北京

　　1793年（乾隆五十八年）夏，承德避暑山莊，英帝國所派使臣馬格爾尼子爵覲見，一干人等因為不肯行清朝的雙膝跪拜禮，而與和珅等重臣相持不下。乾隆皇帝被擾得不堪忍受，於是允許馬格爾尼子爵等人可以行單膝跪拜禮。此時正逢乾隆皇帝生日，馬格爾尼子爵還帶來了生日禮物。

　　不過，馬格爾尼子爵的目的並不是來給中國的皇帝慶生，而是帶著英皇的意願，希望與中國建交，發展對華貿易，並希望英國在北京設常駐使節，處理兩國事務。

　　馬格爾尼信誓旦旦的來，望「取得以往各國未能用計謀或武力獲取的商務利益與外交權利」。簡單來說，就是中國僅僅開放廣州一個貿易窗口並不足以稱其海外貿易，希望還能增設寧波、舟山群島、天津為貿易口岸。但是乾隆皇帝一口回絕了他，並傲慢地說：「天朝物產豐盈，無所不有，原不借外夷貨物以通有無」，並警告他們不要再到浙江、天津等地進行貿易，否則必定「驅逐出洋」。

　　在中國閉關鎖國政策面前，馬格爾尼碰了一鼻子灰。乾隆皇帝連解釋的機會都沒有給他，在自己祝壽典禮結束之後，便派人一再催促馬格爾尼使團起程回國。馬格爾尼只得率領使團帶著一堆乾隆賜予的無用之物，經廣州敗興而歸。更不用提在北京設立常駐使節的問題了。

61年後，清王朝在鴉片戰爭中慘敗，簽訂了中國近代史上第一個不平等條約《南京條約》。

這一次，英美以戰勝國的姿態，向清政府提出修約，明確要求在京設立駐華使節，但是咸豐皇帝仍然不敢答應。按道理來講，乾隆皇帝敢於斷然拒絕英國設駐京辦事處，是因為大清帝國仍處在隆盛時期，敢於與英國分庭抗禮，但面對敗局的咸豐皇帝，為什麼也同樣拒絕英美的要求呢？一切可從中國閉關鎖國政策處追究。

清廷不敢答應外國人在北京設立領事館，擔心有二：第一，清廷有專門負責外交事務的特命外務大臣，一旦駐華使節進駐北京，就會威懾朝廷，直接向皇帝施壓，使得外務大臣形同虛設，而皇帝也將面臨被逼迫的境地；其二，各國駐華使節的生活習慣各有不同，宗教思想均與中土封建思想相左。雍正皇帝時期下令驅逐傳教士，就是因為傳教士傳播的宗教思想有動搖大清根本的嫌疑，所以乾隆、咸豐皇帝不敢讓使節進駐北京也是這個原因。

鴉片戰爭後，外國人多次要求進京面聖、遞交國書，清廷都會一拖再拖，不讓其進入北京半步，寧可犧牲主權和國家利益，也不同意此事。

由於清王朝沒有認清外國駐華使節和領事館的重要性和必要性，失去了了解世界的機會，失去了了解外國人性格的機會，也就因此令本國在與外國打交道時大為吃虧，而殖民帝國借此機會逐步剝削中國。後果之嚴重，令人扼腕。

戊戌維新派為何求助袁世凱

　　甲午戰爭，中方的戰敗結果就是與日本簽訂了喪權辱國的《馬關條約》。因為《馬關條約》涉及的賠款金額和割地面積之大，皆前所未有，所以在國內掀起了巨大的反對聲浪。當時的資產階級維新派得知《馬關條約》簽訂的消息，激憤不已，於是委託維新派領導者之一的康有為代表數百志士上書清政府，陳述變法主張，這就是歷史上著名的「公車上書」。

　　從康有為的變法主張中，光緒帝似乎看到了清朝振興的希望，所以他決心支持康有為，執行新政，於是戊戌變法遂如火如荼地展開。

　　在整個變法過程中，一開始慈禧等保守派並沒有阻撓，因為變法對清廷的統治並無傷害。但不久之後，戊戌變法便觸犯了一些守舊派的利益，守舊派甚至開始派人散布「皇上病重」和「皇上與維新派陰謀加害慈禧太后」的謠言，又去向慈禧報告新政的流弊以及眾大臣的意見。

　　慈禧對變法一事本來就持一種觀望態度，就是既不明顯支持也不反對，就是要看光緒到底怎樣變，會不會威脅到自己的統治。結果，竟然傳出了這些說法，慈禧當然不能容忍。於是在1898年9月21日，慈禧與榮祿借天津閱兵之機發動了戊戌政變，將光緒帝囚禁在瀛台。

　　七天後，慈禧下令將譚嗣同、林旭、楊深秀、劉光第、楊

銳、康廣仁等維新派人士處死，這就是歷史上的「戊戌六君子」，也是為維新變法流血的第一批人。

在光緒帝被囚禁之前，維新派已經得到風聲，榮祿將會對己方不利，於是維新派便去找榮祿的黨羽袁世凱幫忙，未曾想袁世凱卻背叛了維新派，致使「戊戌六君子」被抓。

袁世凱如此人品，為何當初康有為和譚嗣同就相信他會幫忙呢？這其中是有許多原委的。

甲午海戰中國失敗，還簽訂了《馬關條約》，對於參加這場海戰的袁世凱來說心中並不好受。袁世凱認為清廷失敗原因有二：其一是沒有做好戰爭準備工作；其二是裝備不良。倘若朝野上下能夠同心協力，國家怎麼會面臨如此災難。

袁世凱深感日本的野心不止於此，必將再犯中國，也是中國未來最大的敵人，中國唯有自強，才能守住江山。軍人出身的袁世凱所思考之事非常有理。恰在此時維新派提出種種政策有自強之意，袁世凱覺得維新派主張甚合自己的心意，於是便主動結交了康有為等人。康有為早已知曉袁世凱手握軍事大權，炙手可熱，又是不可多得的將才，若是能籠絡到自己身邊，在未來的變法過程中，一定會成為自己的助力。

袁、康雙方都想互相利用，於是便有了二人的往來，義結金蘭這一幕。但袁世凱的用心不僅僅是一層，他最想做的事情就是飛黃騰達，一人之下萬人之上，也相當清楚清廷是慈禧太后在掌管，所以便主動接近後者的親信兵部尚書榮祿，成為榮祿麾下一員大將。也正因為如此，當康有為等人截獲榮祿將要囚禁光緒帝的消息時，立刻想到了去找袁世凱幫忙。

袁世凱本來並不是不幫康有為，而是從李蓮英那裡得知慈禧太后屬意要除掉維新派，暗想維新派再強、光緒帝再有權力，始

終是大不過慈禧太后，而自己和康有為親密不已，要是幫助康有為，很可能連累自己跟著一塊兒死。權衡利弊之下，袁世凱為了自己的仕途而背叛了維新派。

一些人認為，維新派之所以會失敗，跟袁世凱有很大關係，但事實上並非如此。諸多學者都曾總結過戊戌變法失敗的原因，有以下幾種觀點：其一，康有為的維新理論可以從《新學偽經考》和《孔子改制考》中看出，康氏在兩篇文章當中言論大膽，說中國歷代相傳的儒家經典都是假的，這在中國幾千年遵循孔孟之禮的社會背景中無疑很有衝擊力，他希望通過這種說法來顛覆人們的觀念，但是有急躁冒進之嫌，遭到了守舊派的極力排斥，給變法帶來了很大的阻力。第二個原因，康有為的思想是用「西學為營養，哺育出來的思想」，但是他又披上中國古老學術的外衣。這就導致中西方思想在結合的時候有些脫節，理想化而不符合社會實際。其三，把希望寄託在統治者身上，是不可能令國家革舊出新的。

因此，這時再看袁世凱對戊戌變法失敗所起的作用，簡直是微乎其微。或許是康有為等人有眼無珠錯信了袁世凱，但就算袁世凱不去告密，維新變法也不可能迎來成功。

《辛丑條約》為何沒有割地的條款

政治篇

　　19世紀對於中國的清政府而言，是一場不能醒的噩夢。自1840年鴉片戰爭開始，半個多世紀過去了，中國政府在列強鐵船利炮下，先後被迫簽訂了《南京條約》、《天津條約》、《馬關條約》等不平等條約，領土不斷地被列強瓜分蠶食，中國漸漸淪為半殖民地半封建社會性質的國家，而列強的胃口顯然不能滿足，他們的最終目的是將中國變成完全的殖民地。

　　然而，隨著義和團運動的蓬勃發展，中國農民自發反抗西方殖民者的鬥爭活動令列強們感到，必須要給中國一個更慘痛的教訓，中國才能束手任其凌辱。

　　於是在1900年，英、法、德、日、意、俄、奧、比八國聯軍從海上襲來，一路攻往內地，進軍北京，燒殺搶掠，火燒圓明園。慈禧、光緒一行人避往承德，清政府完敗。

　　這一次，在西方列強的壓迫下，中國政府代表簽下了我國近代史上賠款數目最龐大、主權喪失最嚴重、遭受屈辱最深重的《辛丑條約》。不過，令人詫異的是，在以往的諸多條約中，中國的領土都曾或多或少被瓜分，然而《辛丑條約》中卻未涉及割地內容。西方列強為什麼沒有提出割地的條約款項呢？

　　其實，我們從八國聯軍與義和團、清政府軍隊鬥爭時的情況就可以看出端倪。1900年6月11日，英國海軍中將西摩爾率領八國聯軍2000多人強佔火車，由天津駛往北京，意圖直接進入北京

城，不料遭到義和團的頑強抵抗。

此時此刻，清軍董福祥、聶士成等部也與義和團聯合起來作戰，將侵略軍圍堵在廊坊、落岱、楊村一帶。因為義和團和愛國將領奮勇抵抗，直打得西摩爾潰不成軍，不得不退回天津。

6月中旬，帝國主義海軍進攻天津大沽炮台，儘管清軍戰力吃緊，依然擊沈敵艦6艘，斃傷敵軍200餘名。雖然大沽炮台最後失守，但帝國主義列強的軍隊已經膽顫心驚。此後，在天津、保定、唐山、張家口、滄州、瑗琿、北大嶺、黑龍江畔、渤海之濱等地，中國軍民沒有半分膽怯，視死如歸。

面對這樣頑強的抵抗，八國聯軍雖然最後得到了絕對性的優勢，但是在擬定賠款條約時卻下筆遲疑了。侵略首領瓦德西當時便寫了一封信給德國皇帝威廉二世，信中有這樣一段話：「無論歐美、日本各國，皆無此腦力與兵力，可以統治此天下生靈四分之一……故瓜分一事，實為下策。」

從信中就可以看出，帝國列強對中國的頑強抵抗心有餘悸。事實上，八國聯軍的其他國家也有此考量，他們懼怕一旦再次瓜分中國的領土，會在中國民間激起千層反抗浪潮。因為八國之聯軍共同進軍北京尚且遭到如此抵禦，損失慘重，如果再因瓜分領土問題使中國軍民不能忍耐，聯軍將很難控制中國的局勢。

除了心中對中國軍民存有半分膽怯，八國聯軍其實也在顧忌彼此。畢竟帝國主義國家在全球殖民地的競爭上非常激烈，就以中國為例，沙俄趁八國聯軍侵華的機會佔領中國的東北三省，而日本對東北三省也早有圖謀，很顯然，俄、日的矛盾因此而激化。在瓜分中國問題上，各國之間均有類似俄、日這種矛盾，一旦《辛丑條約》中割地賠款的項目不利於八國的任何一方，很有可能引發列強之間的戰爭。

　　有鑒於此，八國列強並不想因《辛丑條約》而激化各種矛盾，於是退而求其次，僅僅勒索大量錢財。況且清政府已經擺出任其宰割的姿態，聯軍的目的已經達到，中國這塊「肥肉」可以慢慢任其宰割，不必急於一時。

　　綜上所述，我們可以清楚地看到，20世紀初，帝國主義列強瓜分中國的野心從始至終都不曾減弱半分，只不過換了一種剝削形式而已。而腐敗的清政府也任其擺布，成為帝國主義統治中國的工具。

軍事篇

金戈鐵馬，氣吞山河

中國文官武將何時分開

一個國家的體制完善，與其政治、軍事體系的建立和完善有著密切的關係。隨著社會政治、軍事的不斷發展，中國的國家體制也在逐漸地變革之中，其中最重要的變革就是文官武將的分離。就是國家文武官員分開任責，專職指揮軍事作戰的將領從文官之中分離出來，成為一個獨立的體系。文官也只負責政治事務，不再領兵作戰。

研究中國歷史，史學家們對於中國文官武將的分離時間，也有不同的觀點。目前為止，主要有兩種觀點，史學界普遍認為，戰國時期是中國文官武將的分開時間。但是也有人認為是在春秋時期。

最早有關軍事官職的記載是在《史記》、《淮南子》中，記載表明在黃帝之時已經出現了專職的軍事官職名稱「司馬」。但是對於文武分工，並沒有明確的說明。

夏商周三代，也出現了文武官職的分離。《今文通典‧堯典》、《古文通典‧舜典》記載：夏王朝設立了「司徒、司馬、司空」等文武官職。《尚書‧洪範》稱：商王朝有「司徒、司空、司寇」和「馬、亞、射、戎、衛」等文武百官。同樣的，也是沒確實的證據說明文武已經分工明確。

到了周代，一直沿用夏商制度，在文武官職分離上又有進一步的發展。此時，文武官職分門別類，雖然職責已有所分離，但

是卿、大夫既執掌政務，又受王命率兵出征，司馬只主管平時軍事行政，戰時統帥由天子臨時任命，征戰結束即解除統兵之權。

《周禮》記載，周公旦多次率兵平定武庚管蔡及東夷叛亂，然而周公旦卻是西周最著名的政治家；從周宣王派秦仲統兵伐西戎等來看，西周並沒有做到文武分工，此時雖然已經有專職武官，但是文官依然會領兵作戰，這種情況還十分普遍。

隨著周王朝日漸衰退，王權下移，春秋時期各諸侯國爭霸，相繼建立了自己的軍事力量，但是，國君才是軍隊的最高統帥，經常親自率兵出征。

例如，桑楚泓水之戰，宋軍由襄公統帥，太宰子魚和大司馬公孫固輔助；周襄公十八年，城濮之戰中，楚成王令尹子玉率楚軍攻宋，晉文公親自出征，派先軫、狐毛、欒枝、狐偃等軍將和大夫領兵作戰；春秋末期，吳楚柏舉之戰，吳王率文臣武將伍員、伯、孫武，擊敗了楚將尹子常、沈尹戎和武城大夫黑及大夫皇率領的楚軍。同時也有不少文官率兵出征。例如，楚成王派成得臣、斗勃等軍將統帥楚軍；楚昭王元年，吳軍包圍潛城，楚王派王麇、王尹壽，統帥救兵增援。

即使如此，還是有人認為，中國文武分離是在春秋時期，因為春秋末期，隨著世襲制度的廢除，國家開始從軍將之中按軍功選拔將領，而且多數諸侯大國的軍事力量，也主要是由三軍統師領導，他們平日主管軍事行政事務，戰時負責指揮軍隊作戰，文官率兵出征者日益減少。

這在《國語》、《左傳》之中就有所記載。

史學界認為中國文武分離是在戰國時期，主要依據如下：

《尉繚子·王霸篇》、《呂氏春秋·舉難篇》的記載表明，戰國時期，隨著新興地主階級在政治權力上的擴大化，他們也看

到了以前國家文武不分，共同執政作戰，政治軍事權力過於集中，造成君權旁落的現象。於是，為了收回政權，採取了文武分職，政治上以相為首，主管國家政事；軍事上以將為長，主管軍事力量。

同時，對於戰爭頻繁的戰國時期，軍事指揮、管理、作戰趨於複雜化、專業化，文官已經不適合如此複雜的專業戰爭，因此國家也需要培養一批專業的軍事人才來應對如此複雜的戰爭。

另外，戰國分封制取消，作戰成果成為封爵的主要標準，一批在戰爭中表現優秀的將領被選拔出來成為軍事統帥，比如吳起、孫臏、樂毅、白起、廉頗等。此時，朝廷之中文官不再出戰，而只主管政事。

以此為依據，史學界認為戰國才出現了專職軍將和獨立的軍事系統，中國文武分離是在戰國時期。

秦始皇「一統天下」為何獨留衛國

　　公元前221年，秦始皇滅六國，一統天下。戰國時期的各國都相繼覆滅，但是唯獨日漸勢微的衛國存留了下來，在濮陽城這個彈丸之地苟延殘喘，直到公元前209年才被秦二世胡亥所廢。

　　史料記載，「君角九年，秦並天下，立為始皇帝」，君角是衛國最後一個國君。「君角二十一年，廢君角為庶人」。此時的衛國才真正的壽終正寢。

　　秦滅六國，獨留衛國，原因在何？主要原因大致如下：

　　一、秦始皇統一天下，其實並不是獨留衛國。史學界所說的獨留衛國，只是在中原地區只留下了衛國。在其他邊遠地區，秦始皇也沒有涉及。比如苗裔滇王。《西南夷列傳》記載：「秦滅諸侯，唯楚苗裔尚有滇王。」另外，還有越王勾踐的後人所領導的閩中郡地區。《東越列傳》記載：「越東海王搖者，其先皆越王勾踐之後也，姓騶氏，秦並天下，皆廢為君長，以其地為閩中郡。」閩中郡雖然按秦始皇的原則採用了君長制度，但是秦始皇並沒有派守尉來閩中，而是僅僅廢去了越人的王位，行政長官實際上仍然是勾踐的後代。這裡所實施的君長制與其他被秦統一的中原地區的制度大不相同。

　　閩中郡也就是國中之國，相當於現在的「一國兩制」。

　　二、關於衛國，其實早在戰國時期就已經名存實亡了。公元前254年，魏攻秦陶郡，依附於秦的衛國也在這場戰役之中被

滅，從此衛君只相當於是名義的國君，實則也只能算得上是魏國的一個小小的封君。衛國至此時最多是「名存」罷了。秦二世胡亥廢衛之時，衛國也只是一個名義的國。所以，秦始皇統一天下之後，也並不把衛放在眼裡，衛國根本就不會對秦始皇的天下造成任何威脅，衛君地位也很低，秦始皇沒有滅衛的需要。

三、衛國從戰國時期開始就長期依附於秦國，等於是秦的屬國，兩國關係也一直不錯。

四、秦始皇統一六國之後，熱心於巡遊，立碑記功，宣揚自己統一天下的功勞，而且痴迷於長生不死之藥。對於衛國這個不能夠給他造成影響的彈丸小國，消滅他們只是舉手之勞，也沒有必要去浪費時間。

五、秦始皇打敗六國之後，衛國還在濮陽這個小城，然而公元前242年，秦始皇為了設置遼東郡，濮陽也被納入東郡範圍。因此公元前241年，秦始皇就佔領了濮陽，衛國君角被迫遷往野王。秦始皇也並非沒有攻打衛，而是在衛遷走之後，沒有繼續追擊罷了。

秦始皇統一天下，獨留衛國，最主要的原因還是在於衛國已經不可能對秦造成威脅。

秦趙「澠池會」的真相

戰國爭霸的硝煙已經消失在歷史長河之中，經過太史公的妙筆渲染，早已經膾炙人口。秦趙澠池會的故事也是家喻戶曉，千古流傳。澠池會樹立了藺相如不畏強秦、力挽狂瀾的高大形象。但是，僅憑藺相如一人之力、口舌機智就能如此簡單地戰勝秦國嗎？事情並非這樣簡單。澠池會也只是秦趙之間共同利益的雙贏結果，這與戰國時複雜的國際形勢密不可分。

公元前279年，戰國形勢發生了極大的變化，東西雙方的強國趙國和秦國相爭，死傷無數。楚齊趁機崛起。為了遏制楚齊的力量，秦昭王約趙惠文王在澠池相會。秦國君臣曾欲欺辱趙王，趙方以藺相如為首毫不示弱，處處反擊。最後雙方達成共識，秦趙之間停止戰爭。

在澠池會5年之前，即公元前284年，戰國形勢又是另一片情景。東方強國齊國與西方強國秦國爭霸，實力不相上下。秦國聯合六國共抗齊國，齊國在六國的合攻之下一敗塗地。秦國唯一的對手消失之後，成為戰國七雄之首。

秦國滅齊的目的達到之後，他與其他五國之間的盟約也正式結束，雙方又站在了敵對的位置之上。秦國攻佔了魏國之東的一大塊地盤，並長驅直下，阻斷了燕趙與楚、魏、韓之間的聯繫。這是為秦國統一天下作出的第一步。

趙國經過趙武靈王胡服騎射的改革之後，成為東方繼齊之後

的第二強國。在東方強國齊國衰敗之後，處於東方的第二個強國趙國逐漸強大起來。趙國在東方取得本屬於齊的富庶之地——河間之地，經濟實力大增。加上趙惠文王的經營，任用一代名將廉頗，名相藺相如，使得趙國的政治實力更為增加。強大的軍事實力、政治實力、經濟實力，使趙國成長為東方大國，也是秦國最強勁的對手。

公元前283年，秦國為了實現一統天下的願望，作出了第二步措施：攻打魏國，直取魏都大梁。燕趙兩國出兵二十萬援救魏國。秦國無奈之下只能放棄攻打魏國。這一事件，讓秦趙之間的矛盾尖銳化，秦趙敵對的形勢逐漸形成。

秦國為了攻打趙國，與楚、魏、韓、魏聯盟，對趙國形成了包圍之勢。孤立的趙國只剩下燕國一個盟友。然而趙國並沒有意識到國際形勢的急遽變化，依然連年伐魏，這給了秦國攻打趙國西境一個可乘之機，秦大將白起攻取了藺、祁、石和光狼等城。面對如此形勢，趙國被迫停止對魏的進攻。並集中兵力對付秦國。直到公元前279年，四年內，秦趙之間連連征戰，雙方勢均力敵，一直並未分出勝負。

在這四年之間，衰退的齊國又奇蹟般地復活。以田單為首的齊軍打敗了燕軍主力，收復了齊國的大量失地，齊國席捲之勢給趙國帶來了嚴重的威脅。

同時，與秦有盟約的楚國也趁著秦趙交戰之際逐漸壯大，率軍反攻秦國，打入秦的巴郡地區，攻取了舊巴國的都城枳，秦國的後方基地巴蜀地區面臨著喪失的危險。

在這樣的形勢之下，秦趙之間如果開戰，勢均力敵，加上楚齊的威脅，對秦趙雙方來講毫無益處。秦趙兩國基於實力基本平衡、共同利益的前提之下，於公元前279年在澠池相會，秦趙罷

戰講和。隨後，趙軍集中力量攻打齊國，秦軍集中主力攻打楚國，齊楚兩國的復興美夢在趙秦鐵拳痛擊下破滅了。

因此，秦趙兩國澠池會，實質上是一場強國與強國之間的外交會晤，是兩大強國在實力基本平衡之下的一次戰略妥協。兩國共同面對的國際形勢，使得兩國能夠達成共同的默契，也只有建立起彼此間較穩定的友好合作關係，才能夠轉移主力粉碎齊楚的復興企圖。所以，形勢已經決定了秦趙兩強必須化干戈為玉帛。

秦趙破楚齊之後，秦趙雙方又開始了敵對的狀態，兩國爭霸重新開始。這也從反面證明瞭澠池會只是秦趙兩國基於外交形勢所做的暫時妥協。

龐涓指揮過馬陵之戰嗎

戰國時期，齊國和魏國是東方的兩個強國，兩國之間為了東方霸主的地位不斷發生衝突和戰爭。齊魏之間先後進行了兩次戰爭，即桂陵之戰和馬陵之戰。兩次大戰之後，魏國國力大傷，齊國崛起成為唯一能與秦國抗橫的東方強國。

桂陵之戰和馬陵之戰，兩次戰爭都有兩個共同點，一是交戰雙方都是齊魏以外，二是兩次戰爭之中，齊國都是以田忌為將軍，孫臏為軍師攻打魏國，而魏國迎戰齊國的將軍都是龐涓。但是隨著近年來出土的《孫臏兵法》來看，人們對龐涓是否參與了馬陵之戰產生了疑問。

1972年，隨著山東臨沂銀雀山出土的漢簡《孫臏兵法》，關於龐涓是否參加馬陵之戰的疑問就隨之出現。因為根據此漢簡記載，公元前353年，魏國派將軍龐涓帶八萬兵馬攻打趙國。齊國以將軍田忌、軍師孫臏也出兵八萬援救趙國。戰爭之中孫臏以計迷惑龐涓，為麻痺敵軍，孫臏首先攻打的是魏國守備森嚴、「人眾甲兵盛」的平陵，而攻打平陵的主要負責人是「不識事」的齊城、高唐二大人。

結果可想而知，齊軍大敗。魏軍更是不把齊軍放在眼裡。接著，孫臏派遣輕快的戰車到魏都大梁之郊，「以怒其氣」，並分散少量的士卒跟在戰車後面，以「示之寡」，顯現出齊軍的弱小。以龐涓為首的魏國完全被這種表象所蒙蔽，龐涓只率領了精

202

兵強將日夜兼程回到大梁與齊軍進行決戰。孫臏再次故意施計，追擊到桂陵，生擒龐涓。「孫子（臏）弗息而擊之桂陵，而擒龐涓」。這就是著名的桂陵之戰。

這段記載清清楚楚地表明，在公元前353年，龐涓即被齊國所擒獲。

時間輾轉到了公元前343年末，魏趙聯合攻打韓國，第二年，齊國率兵救韓，馬陵之戰爆發。

據《史記·孫子吳起列傳》中記載，此次戰役，齊國依然以田忌為將，孫臏為軍師，魏國的將領則還是龐涓。齊魏之間又開始了新一輪的較量。孫臏施出了行軍減灶之計，讓魏軍以為「我固知齊軍怯，入吾地三日，士卒逃亡過半矣！」龐涓再一次率其輕騎銳卒追逐不斷後退的齊軍，終於在馬陵之地中了齊軍的埋伏，走投無路的情況下，拔劍自刎，齊軍大敗魏軍。

看到兩次戰役的情況，疑問也就產生了。

首先，既然龐涓在桂陵之戰已經被齊軍所擒，他又如何能在十一年之後指揮魏軍參加馬陵之戰？

其次，龐涓在桂陵之戰已經中了孫臏伏兵狙擊之計，他怎麼會不吸取教訓，在馬陵之戰時再次受騙呢？

對於此問題，台灣學者徐培根、魏汝霖引經據典作出了解釋。《戰國策·魏二·齊魏戰於馬陵》記載，「今戰勝魏，覆十萬之軍，而禽（擒）太子申。」再據《戰國策·宋衛·魏太子自將過宋外黃》記載，「魏太子自將，過宋外黃……今太子

孫臏

馬陵之戰古戰場

自將攻齊，大勝並莒，則富不過有魏，而貴不益為王；若戰不勝，則萬世無魏。……與齊人戰而死，卒不得魏。」這兩段有關馬陵之戰的記載，都沒有提到魏國以龐涓為將。真正指揮馬陵之戰是太子申，而不是龐涓。

司馬遷《史記》中多次提到馬陵之戰時龐涓為魏將。「使龐涓將，而令太子申為上將軍」。因此也有學者推測認為，龐涓在桂陵之戰被擒屬實，參加馬陵之戰也屬實。龐涓在桂陵之戰被擒之後不久即被釋放回魏，然後再參加了馬陵之戰。

此種觀點的依據在於《水經·淮水注》引《竹書紀年》記載，公元前352年，也就是桂陵之戰後一年，魏韓聯合，在襄陵擊敗了齊、宋、衛的聯軍，齊向魏求和，龐涓有可能就是在此時被釋放回魏。

但《水經注》的真實性備受學術界懷疑，龐涓是否參加了馬陵之戰至今仍無法確定。

為什麼說漢武帝不經意間
改寫了歐洲史

西漢年間，漢朝與匈奴的關係錯綜複雜。直到漢武帝時期，三次對匈奴發動戰爭，才徹底改變了漢匈關係。三次對匈奴的戰爭中最大的一次是公元前119年，大將軍衛青和霍去病共同出兵攻打匈奴，漢軍深入匈奴帝國的中心，迫使匈奴潰逃漠北，西漢對匈奴的戰爭才取得了決定性的勝利。

潰逃的匈奴人在漢朝不斷的軍事打擊之下，又不斷地分裂、西遷。直至公元91年，「北（匈奴）單于復為右校尉耿夔所破，逃亡不知所在」。在以後的400年之間，再也沒有有關匈奴人的記載。

公元4世紀末，這支潰逃西遷的匈奴人渡過伏爾加河和頓河入侵歐洲，這些匈奴人以及他們的首領巴拉米爾和阿提拉，再次讓世人震驚。

據古羅馬史籍記載，「一路掃蕩破壞所遇到的一切」。這批匈奴人一進入歐洲，他們的鐵騎讓從來沒有受到過歐亞平原的蠻族衝擊過的歐洲文明國家和半文明國家幾乎束手無策。匈奴人征服了頓河至捷列克河之間的阿蘭人，打敗了當時在第聶伯河以西的東哥特王國，使大多數東哥特人臣服；直到405年左右，匈奴人已經完全佔據了烏拉爾山和喀爾巴阡山之間的廣大草原，並開

始進攻歐洲。

441年，匈奴人向羅馬宣戰，東羅馬帝國強悍的重步兵方陣，在匈奴的騎兵箭手衝擊下，幾乎不堪一擊。匈奴又開始進軍西羅馬，最終打敗羅馬帝國。但是不久之後，這支匈奴人的首領阿提拉離奇身亡，匈奴軍隊日漸衰落，公元6世紀就消失了。

就像美國氣象學家愛德華‧羅倫茲提出蝴蝶效應那樣，「一隻蝴蝶在巴西輕拍翅膀，可以導致一個月後美國德克薩斯州的一場龍捲風」。漢武帝這只蝴蝶輕拍一下翅膀，不僅導致了歐洲大陸的變遷，餘波也傳到了700年後的唐朝。

唐貞觀年間，居住在漠北的一支匈奴後裔多次進犯內地，對唐朝造成了嚴重的邊境威脅，這支隊伍被人們稱為突厥人。唐太宗命十萬大軍北出雁門關，拉開唐與突厥30餘年戰爭的序幕。最終，突厥人敗在了唐朝十萬鐵騎之下，並開始西遷之旅。從此中國史籍有關突厥的記載也到此結束。

西遷的突厥人進入中亞、西亞、歐洲等地，與當地文化交融，形成了新的種族集團。並且在之後的一千多年裡，掃蕩了歐洲大陸，重新改寫了突厥和歐洲的歷史。

剛開始西遷的突厥人，在歐亞大陸上遇到了強大的阿拉伯帝國，立足未穩的突厥人被阿拉伯人作為奴隸，充當雇傭軍、邊防軍甚至宮廷衛隊。然而突厥又怎麼甘心如此命運，最終他們推翻了阿拉伯人成為主人，使阿拉伯帝國名存實亡。這支突厥人是塞爾柱突厥人。

與塞爾柱突厥人同時進入西亞的還有奧斯曼突厥人。奧斯曼突厥人在13世紀末從塞爾柱突厥人之間獨立出來。14世紀，攻佔了整個小亞細亞半島，渡過黑海海峽進入東南歐。在此後的一個世紀中不斷強大，最終打敗了拜占庭帝國，隨後繼續進入歐洲腹

地，擊敗匈牙利，圍攻維也納，建立了奧斯曼帝國。

　　奧斯曼帝國橫跨歐亞非三洲，幅員遼闊。奧斯曼帝國也是第一次世界大戰的主要參戰國之一，最終卻在大戰後分崩瓦解。分崩離析的奧斯曼帝國分裂為許多國家，如土耳其共和國、埃及、伊拉克、科威特、希臘、保加利亞、羅馬尼亞等國家。東南歐也從奧斯曼帝國分離出了一系列新興的國家，如塞爾維亞、克羅地亞、波斯尼亞等。

　　匈奴人西遷，徹底地改變了古代歐洲的發展進程。甚至可以說是在公元前2世紀，漢武帝決定攻打匈奴那一刻起，歐洲的歷史就已經開始改變。

諸葛亮揮淚斬馬謖的真相

　　隨著《三國演義》的深入人心，諸葛亮揮淚斬馬謖的故事也因此而家喻戶曉。

　　《三國演義》第九十五回描寫，諸葛亮為奪取天下大業，於公元228年發動了一場北伐曹魏的戰爭。此次戰役諸葛亮兵分三路，一路是由趙雲、鄧芝帶軍佔據箕谷；一路由諸葛亮親率十萬大軍突襲祁山；另外一路由馬謖鎮守戰略要地街亭。

　　馬謖出兵街亭之前，曾立下軍令狀，表示「若有差失」，則「乞斬全家」。但是，馬謖率兵到達街亭之後，忽視了諸葛亮「靠山近水安營紮寨」的囑咐，不顧副將王平「魏軍斷我水源」的警告，屯兵於山頭。反而還自信地說：兵法有云「居高臨下，勢如破竹」，「置之死地而後生」。

　　最終，馬謖被曹魏名將張郃圍困於山頭，斷其水糧，馬謖兵敗而回。馬謖失守街亭，戰局驟變，使諸葛亮被迫退回漢中。諸葛亮北伐曹魏的計劃也隨之破產。為此，諸葛亮下令將馬謖革職入獄，斬首示眾。斬首之時，全軍落淚，諸葛亮亦失聲痛哭，這就是有名的「諸葛亮揮淚斬馬謖」。

　　但是，根據正史《三國志》記載：「謖逃亡，朗知情不舉，亮恨之，免官還成都。」馬謖兵敗街亭之後，並沒有回營領罪，而是畏罪潛逃了。

　　朱大渭在《馬謖被殺真相》一文中也指出，馬謖被斬的主因

就是失街亭。馬謖在戰爭的關鍵時刻，忽視軍紀，自作主張，以至於最後慘敗而歸，並直接導致此次出擊祈山的戰果——隴右三郡得而復失，無奈之下大軍退回漢中。

對於一個軍隊來說，軍紀的重要性可想而知。「軍紀如山」，違反軍紀的人必須被處死。況且，按照軍中的法規，如果將士臨陣脫逃，也是必須要被處死。馬謖所犯的並不是一個小小的錯誤。雖然勝敗乃兵家常事，從來都不會有常勝將軍，但是馬謖的失敗來源於對軍紀的藐視，再加上兵敗潛逃之罪，所以「罪在必誅」。

對於朱大渭先生的觀點，許多人並不認同。他們認為諸葛亮斬馬謖的主因不在於失街亭，失街亭也只是一個導火索而已。真正的原因在於馬謖在戰前、戰時、戰後的各種表現綜合的結果。馬謖戰前立下軍令狀，表示若失街亭，自願領罪而死。戰時頤指氣使，妄自吹噓，驕傲輕敵，違背軍令，致使街亭失守。戰後明知事態嚴重，還畏罪潛逃。一個必死的軍令狀，加上違背軍令、畏罪潛逃，這對於軍紀如山的軍隊來說，都是致命性的硬傷。而馬謖偏偏都犯了。

此外，史學界對諸葛亮斬馬謖的真實性也提出了質疑。據《諸葛亮傳》記載，諸葛亮「戮謖以謝眾」；《王平傳》中又載，「丞相亮即誅馬謖及將軍張休、李盛。」可知，馬謖的確是諸葛亮下令處死的。但是據《馬謖傳》記載，「謖下獄物故，即病死獄中」，馬謖被下令斬首，但是在斬首之前就病死獄中。這才是真正的馬謖之死。

淝水之戰是以少勝多嗎

　　五胡十六國時期，前秦統一了北方政權。南方由司馬睿建立起了東晉，盤踞江左一帶，南北雙方形成了對峙的局面。公元383年，前秦與東晉在淮南淝水展開了一場規模驚人的大戰，史稱「淝水之戰」。淝水之戰中，前秦百萬兵馬居然輸給了東晉十萬兵馬，在歷史上頗為罕見。

　　前秦天王苻堅統一了北方各少數民族之後，就開始積極準備南征東晉。公元383年5月，苻堅不顧前秦丞相王猛臨終遺言以及群臣的反對，決意攻取東晉。苻堅甚至揚言以此強兵百萬，「投鞭可以斷流」。8月，苻堅以苻融、張蚝、慕容垂等步騎25萬為前鋒南下，苻堅隨後率百馬兵馬從長安出發，全軍有步兵60萬、騎兵27萬，旗鼓相望，前後千里，東西萬里，水陸並進。

　　崔鴻《十六國春秋・前秦錄六》記載，「八月戊午，遣……步騎二十五萬為前鋒。甲子，堅發長安，戎卒六十餘萬，騎二十七萬，前後千里，旌鼓相望」。

　　面對前秦的來勢洶洶，東晉任命謝石為征討大都督，謝玄領北府兵為前鋒都督，與謝琰、桓伊等共同率領8萬之眾抵抗秦軍，又另派將領胡彬領5000水軍增援壽陽（今安徽壽縣）。11月，謝石、謝玄和劉牢之在謝安的計策指揮之下，由劉牢之率北府精兵5000人強渡洛澗，襲擊梁成軍營，臨陣斬殺梁成等10員將領，又分兵截斷退路的渡口。秦兵步騎一時崩潰，落水而死的就

有15000人，繳獲了秦軍丟棄的大量軍資器仗。強渡洛澗取得大勝的晉軍乘勝追擊，水陸並進，聲勢大振。全軍推至淝水東岸，與秦兵隔河對峙。苻堅在壽陽城上目睹晉軍布陣嚴整，心中暗暗吃驚。又見淝水東面八公山上草木搖動，以為都是埋伏的晉兵，不由連連感嘆：「此亦勁敵澗謂弱也。」

當秦晉兩軍夾淝水布陣之時，為速戰速決，謝玄便派人向苻融提議說：「兩軍隔河對峙並非長久之計，不如將軍往後退一步，讓我軍能渡過淝水，一決勝負如何？」

苻堅認為我眾敵寡，想要乘晉軍渡江之時，向晉軍發動進攻，必能取勝，於是同意了謝玄的提議。但是當秦軍下令後退時，全軍軍心大亂，眾多秦軍將士都以為是前鋒戰敗，頓時間秦軍爭相逃命，自相踐踏。

謝玄、謝琰、桓伊等率領晉軍渡河猛攻。晉軍一鼓作氣，追擊秦軍至壽陽30里外的青岡。一路逃亡的秦軍聽到風的吹拂聲與鶴的呼叫聲，都以為是追兵到了，晝夜不敢停息，最後只有十多萬人逃回北方。淝水之戰，以少勝多，從此揚名於中國軍事史。

但是近年來，史學家們通過對史冊的研究，對淝水之戰以少勝多提出許多新的觀點。

一、前秦百萬軍隊真的有一百萬嗎？史學家認為百萬只是一個虛數，實際數量並無百萬。

首先，雖然苻堅統一北方各少數民族，但是從人口總數估計，擁有百萬雄師的可能性並不大。

其次，假設前秦真的擁有百萬軍隊，也不可能全部派往前線，至少要留一些駐守各地重鎮。

第三，這年五月，苻堅就派遣兒子苻叡率兵進入襄陽和蜀地以抵抗晉軍，苻叡也就帶走了前秦的一部分兵力。所以百萬之師

的說法值得懷疑。

　　二、真正參加淝水一戰的前秦軍隊有多少人？淝水之戰中，結集在淮淝一帶的秦軍其實就只有符融率領的三十萬軍隊。這三十萬人還被分布在了郾城至洛澗的五百里戰線之上。也就是說，真正駐紮在淝水的軍隊也不過十萬人。但是，晉軍的八萬人幾乎都參加了淝水一戰，再加上晉軍本來就在長江中游地區佈置了很雄厚的兵力，因此真正與前秦交戰的晉軍在人數上可能達到十二三萬人左右，要比前秦軍隊的十萬人多出很多。

　　所以，歷史上所謂的淝水之戰「以少勝多」其實並不存在，應該是「以多勝少」。

隋朝三征高麗為何無功而返

公元581年隋建立後，高麗王高湯遣使向隋朝稱臣，高湯遂被封為高麗王。8年後，隋滅陳，一統中土。當時的高湯見到中土統一，深知自己面對自西晉以來第一個統一而且強大的隋朝，以後的日子恐難安穩，於是便積極備戰整軍，廣積糧草。

隋文帝聞知極為不滿，責問高湯道：「遼河再廣闊，比長江如何？高麗人再多，能比得上陳國嗎？我如果不是心存仁義的話，責怪你之前的罪行，任命一將軍，能費多少力氣呢？之所以告訴你這個，是允許你改過自新。希望理解我的用心，你自求多福吧。」

高湯看到詔書大懼，奉表謝罪後竟然病死了。高湯之子高元即位，心中對隋有著嫉恨，遂率萬餘靺鞨騎兵攻打遼西，結果被擊退。隋文帝大怒，正欲征討，高元慌忙遣使謝罪，上表自稱「遼東糞土臣元」，這才令隋文帝罷兵。

604年隋煬帝楊廣即位，為了炫耀武力，修東都洛陽、大運河，南征越南，北巡塞外，派兵突厥。大業七年，煬帝北巡涿郡，命高麗王親自朝見，但高麗王卻沒敢來。煬帝藉口沒看見高麗王，以其不尊臣禮為由，下令全國的士兵次年征討高麗，命人督工在東萊海口造戰艦三百艘。民工晝夜立於水中造船，自腰以下都生滿蛆，工匠死掉三分之一。

隋煬帝又發江淮以南水手一萬人、弩手三萬人、嶺南排刺手

三萬人，再令河南、江南造戎車五萬乘送高陽，命江南民夫運米至涿郡。一時間船艫千里皆滿載兵甲器物，路上幾十萬人填溢道路，晝夜運輸戰具、糧食，死者相枕，天下騷動。

大業八年，隋煬帝第一次征伐高麗，左右十二軍名目紛繁，共一百一十三萬三千八百人，號稱二百萬，隋軍役夫近三百萬。煬帝自以為「弔民伐罪，非為功名」，下令諸將不得縱兵、不得擅殺、聽候指示、不可擅自做主，以此宣揚天朝大國的威儀仁義，襄公之仁，不料反被高麗所乘。

隋軍一開始很順利，一路皆克，渡過遼河，在東岸殲滅高句麗軍萬餘人，直抵遼陽城下。隋朝諸將怕被皇帝責殺，每次作戰事無巨細都一一稟報，結果導致命令批准遲緩，延誤戰機。而守城的高麗人在情勢危急時總是詐降，等到隋軍一停止進攻就馬上修補城池，以至於隋軍頻戰頻失。

另一支由隋將公孫述率領的大軍為了趕路，棄糧輕裝前進，士兵走到半路就沒糧食吃，又飢又寒之下，竟還能一日七勝。隋軍自恃驟勝，未等歇息整裝，就貿然東渡濟水，距平壤城三十里因山為營。可是平壤城堅池深，哪是那般容易攻克。公孫述的士兵無糧，又凍又餓，只好退師，結果高麗軍自後追擊，隋軍潰不成軍。此後，隋軍其他各路相繼敗北，煬帝一征高麗以慘敗告終，隋軍損失30餘萬人。

613年，煬帝再次親征高麗，此次隋軍包圍遼陽城，晝夜不停地猛攻20餘日，遼陽岌岌可危。此時，隋軍後方負責督運糧草的楊玄感突然叛亂，本來已經有望征服高麗的煬帝不得不撤兵回國平亂，撤軍路上將軍資、器械等盡數丟棄。就這樣，隋煬帝第二次征高麗半途而廢，無功而返。

614年，煬帝三征高麗，隋軍在卑沙城大敗高麗軍。此時，

高麗與隋接連三年的戰爭，國力早已不支，幾乎到了山窮水盡的地步，只好向煬帝稱臣請和，並且送還了逃到高麗的楊玄感叛亂之叛將斛斯政。煬帝也因疲於征服高麗，正愁沒有台階可下，剛好借著高麗的投降舉動適時收兵，同時也挽回前兩次失敗之辱。加之此時隋國早已因征高麗而怨聲載道，天下騷動，「群盜蜂起，不可勝數」，遂罷兵許和。

縱觀隋之三伐高麗，本都是勝券在握，卻兩次慘敗，原因在於隋煬帝好大喜功，急於證明自己的英明、偉大，可卻耐挫能力差，在失敗的打擊面前亂了方寸，造成近百萬生命的損失和帝國巨大財富的浪費，終於把國力消耗得近乎空竭。

雖然隋朝損失的人口對本國並沒有致命的影響，但百萬之師所需糧草、運輸之人力卻耗費繁多。一時間引發了民間耕稼失時、官府侵逼、連年興兵無盡的兵役、徭役繁重等多重社會矛盾，間接導致隋末之變，乃至亡國。

陳橋兵變是偶然嗎

公元959年，後周世宗柴榮英年早逝。周恭宗即位，年僅七

歲。朝中大權落在了殿前都點檢、歸德軍節度使趙匡胤手中。公
元960年元旦，後周傳來北漢聯合大遼南下，攻打後周的消息。
慌亂之中，後周符太后與宰相范質決定派趙匡胤出征迎戰。

趙匡胤率大軍出發三日之後，到達開封東北節陳橋驛，並在
此駐軍休息。當晚趙匡胤醉酒而臥，而有擁立之意的將士卻環立
待旦。次日黎明，四周叫囂吶喊，聲震原野，士兵們高呼：「諸
軍無主，願策太尉為天子。」部下高德懷把一件皇袍披在了趙匡
胤的身上，擁立他為皇帝。

趙匡胤在勉為其難之中提出了同意當皇帝的幾個條件：回開
封後，對後周的太后和小皇帝不得驚犯，對後周的公卿不得侵
凌，對朝市府庫不得侵掠，服從命令者有賞，違反命令者族誅。
得到將士們的滿意答覆之後，趙匡胤班師回朝。回到開封之後，
趙匡胤得到守備京城的禁軍首領石守信、王審琦的幫助，不費一
兵一卒，奪取了後周帝位，建立大宋。

從史書記載而言，趙匡胤在整個陳橋兵變事件之中，都是處
於被動的位置，情非得已才坐上皇帝寶座。但是，經過後人仔細
研究發現，陳橋兵變是一場由趙氏家族預謀已久的篡權事件。

第一，在後周得知遼國與北漢聯軍南下攻打後周之時，滿朝
文武，無不慌亂。宰相范質請趙匡胤出征之時，趙匡胤卻以兵少

將寡為藉口推脫，最後范質只得把朝廷最高兵權交趙匡胤，趙匡胤手中幾乎掌握了後周全部兵馬。

第二，據《涑水紀聞》等書記載：「及將北征，京師喧言，出師之日，將策點為天子。故富室或挈家遠避於外州，獨宮中未之知也。」

由此可知，陳橋兵變不會是一次偶發事件，而是有預謀的。趙匡胤大軍離開後不久，後周京城謠言四起，說趙匡胤才是真命天子。謠言的力量不可小覷，在後周世宗在位之時，趙匡胤就曾利用謠言，使駙馬張永德被免去了殿前都點檢的職務而由他接任。這次故技重施，使得後周朝廷文武百官慌作一團。這也趙匡胤的傑作，就是為了造成朝廷的慌亂，同時也使得自己在軍隊之中更有聲望。

第三，皇袍從何而來？古詩有云：「黃袍不是尋常物，誰信軍中偶得之。」古代私藏皇袍是死罪，如果不是預先準備好，軍中怎會臨時有皇袍。

第四，趙匡胤陳橋兵變，黃袍加身之後，就馬上班師回朝，可是他此次出征的目的是迎戰漢遼聯軍，怎會如此輕易就回朝呢？「千秋疑案陳橋驛，一著黃袍加身便罷兵。」

史書中也既沒有記載關於遼兵入侵的任何結果，又沒有記載北宋出征的任何情況，這一場所謂的戰爭也奇蹟般的消失在史冊裡。由此可以認定，漢遼入侵的軍情是配合趙匡胤兵變自立而謊報的。

第五，《宋史·杜太后傳》記載，杜太后（趙匡胤他老媽）得知其子黃袍加身後，沒有因為這欺君罔上，誅滅九族的大罪而感到驚慌，反而還說：「吾子素有大志，今果然。」

司馬光《涑水紀聞》也記載，杜太后說：「吾兒生平奇異，

人皆言當極貴，又何憂也。」這個「大志」，應該就是做皇帝。

第六，由歷史條件分析，後周皇帝年幼無知，根本沒有能力帶領部下一統江山。對於將士們來說，拼死拼活立了大功，又有誰知道呢？他們迫切需要推出一個有威望的人，而且是能夠真切地體驗到他們勞苦的人出來領帶他們。

趙匡胤顯然是具備了條件：他是軍人，能夠體驗將士們的勞苦；他有威望，能夠使人信服；他掌握著禁軍的領導權，手裡有國家的軍隊。

可以說，陳橋兵變並不是偶然，它既是趙匡胤故意為之，又是歷史發展的必然。

「杯酒釋兵權」之謎

　　縱觀中國歷代王朝，宋代王朝獨具一格。宋朝改變了從秦漢以來以武治文的政治局面，以文治武。這裡的以文治武，主要表現在對武將權力的制約上。所以在整個北宋乃至南宋王朝都很少禁軍兵變這類事情。宋太祖趙匡胤在武將權力過渡上所做的成就，歷代皇帝都不能望其項背。

　　陳橋兵變，黃袍加身的趙匡胤深知兵權對國家的重要性。就像宰相趙普所說：「唐末以來，兵戰不息，國家不安，其原因不是別的，而是武將兵權太重，君弱而臣強。治理辦法也只有奪其權力，收其精兵，控其財政。」

　　為了從那些與自己同甘共苦、出生入死的兄弟兼臣子手中和平拿回兵權，宋太祖想到一個妙招——杯酒釋兵權。

　　建隆二年七月（961年），趙匡胤邀請石守信等人入宮宴酒。酒酣之時，趙匡胤突然嘆息著說：「朕的江山是靠你們打來的，可是這做天子也太艱難了，倒不如當節度使來得快活。」大臣們聽完急問為什麼。趙匡胤又說：「哎！這個皇帝的位子誰不想坐呢？」

　　石守信等人聽了，也明白了：皇帝是擔心他們奪權篡位，暗示他們交出兵權。於是石守信等人慌忙跪下說：「臣等愚昧，請陛下給一條明路吧！」趙匡胤從容不迫地給他們指出條明路：「人生好比白駒過隙，所好者也無非就是富貴，遺福子孫。你們

何不釋去兵權，出外當個地方官，再多買些良田美宅，以終天年。朕再與你們結成兒女親家，這樣一來，君臣相安，兩無猜忌。」第二天，石守信等人都紛紛離職，趙匡胤也批准了他們的要求。

宋太祖趙匡胤就是這樣用酒宴、金錢和婚姻和平地解除了高級將領們的兵權。千百年來，「杯酒釋兵權」也作為典故被人們熟知。然而，有學者指出，「杯酒釋兵權」不是真實的歷史事件，而是出自於後人的杜撰和演繹。其中以20世紀90年代，顧吉辰先生的論證最為著名。

首先，關於杯酒釋兵權的時間記載，北宋史書毫無說明，直到南宋李燾的《續資治通鑒長編》才記載，此事發生於建隆二年（961年）七月。但是，這年六月，宋皇宮發生了一件大事，杜太后病逝。按照習俗，六月至七月應該是國喪期間，禁止飲酒作樂。那麼作為孝子的宋太祖又怎會在皇宮之中宴請大臣呢？顯然不可能。

此外，趙普在整個事件中充當了幕僚的角色。根據《諫水記聞》以及《續資治通鑒長編》記載，此事發生在趙普任宰相期間，但是趙普第一次出任宰相是在乾德二年（964年），而961年的趙普並未當上宰相。這也自相矛盾。

有人也對此提出反駁。據《宋史禮志》記載，皇太后死後，皇帝以日易月服喪，共25日。也就是國喪期從6月2日開始，至多至6月27日結束。到了七月，服喪期早已結束，皇帝宴請臣下也無可厚非。

顧吉辰先生還提出了一個疑點，即從宋代有關此事的記載，是由北宋到南宋逐漸發展，由清粗略清楚。「杯酒釋兵權」最早的記載是宋真宗年間，宰相丁謂的《談錄》，內容相當簡單，提

到了釋兵權的問題，但對於酒宴隻字未提。

　　宋仁宗時，宰相王曾《筆錄》也有所記載，雖然提到了宴酒的事情，但情節簡略，並沒有那麼戲劇性。宋神宗時，司馬光的《諫水記聞》就出現了現在所看到的詳細生動、充滿戲劇性的故事，但依然沒有時間記載。直到南宋李燾《續資治通鑑長編》才有了詳細的時間記載。這樣由粗到詳的發展，極有可能是經過後人不斷歪曲加工而形成的故事。

　　此外，這樣一件國家大事，北宋官方文書卻沒有記載。後來人們關於此事的記載都來源於《談錄》、《筆錄》、《諫水記聞》。

　　對此，反駁者認為《談錄》的歷史價值並不高。《四庫全書總目提要》記載，《談錄》其實是由丁謂的外甥或餘黨對丁氏談話的追述。而剛正不阿的王曾所著的《筆錄》更接近歷史事實。

　　因此，「杯酒釋兵權」的記載是從簡單到複雜，從無宴酒、無時間記載到有宴酒、有時間記載的發展過程，這其中有可能經過後人的誇張和渲染，但是釋兵權的確存在。

誰是蒙古征服史中最難啃的骨頭

　　一代天驕成吉思汗帶領的蒙古軍團曾橫掃歐亞大陸，成為世界歷史上最偉大的征服者。可是，這麼一支強悍的蒙古鐵騎，在面對積貧積弱、偏安一方的南宋時，幾乎束手無策。甚至，蒙古為了攻下南宋，在戰爭中還損失了兩代汗王。

　　成吉思汗的蒙古軍團，戰鬥主要有兩條線路：南下和西征，南下征服中國廣大地區，西征歐洲大陸。成吉思汗的南下計劃中，他一直把金人當作自己強勁的對手，瞧不起身板柔弱的漢人，甚至不把南宋放在眼裡。但是，金人讓成吉思汗失望了，中原驕逸的生活早已磨滅了女真人的鬥志，成吉思汗之子窩闊台大汗不費吹灰之力就滅了金國。當成吉思汗的西征大軍在歐洲大陸所向披靡，直入多瑙河沿岸之時，蒙古南下之軍卻遭遇了成吉思汗征戰以來的最大困難——南宋大軍。從此，南宋成為蒙古統一中國的最大障礙。

　　歷史往往喜歡開玩笑。南宋這樣一個被成吉思汗從不放在眼裡的國家及其軍隊，讓成吉思汗統一中國的願望整整擱淺了40年。這40年裡，蒙古大軍多次南下征宋，但是次次都無功而返。

　　公元1234年，窩闊台大汗滅金之後，蒙古大軍北撤。南宋朝廷想趁機收復洛陽、汴梁、商丘三京，南宋大軍開始北伐。蒙古為阻止南宋北伐，掘開了黃河大堤，水淹宋軍，宋軍大敗。

　　1235年，蒙古大軍第二次西征的同時，也南下攻宋。蒙軍分

為東西兩路進攻襄樊和四川，準備在長江集結，橫渡長江。但是，南下的蒙古大軍遭到了宋軍的頑強抵抗，南宋名將孟珙率軍取得了江陵大捷，粉碎了蒙古軍南渡的企圖，這是蒙古對南宋征戰的第一次失敗。

從1235年到1241年的6年裡，蒙宋之間展開了長期的拉鋸戰，雙方各有勝負，損失慘重。後來，杜杲、孟珙大敗蒙古東路軍，孟珙大敗西路蒙古軍，解除了蒙古大軍對南宋的威脅，蒙古軍因受到重創不得不撤退。第一次蒙宋戰爭以蒙古失敗而告終。

1241年，蒙古大汗窩闊台病死之後，其子貴由繼承汗位，期間也曾率軍攻打四川，也是以失敗告終。三年之後，貴由去世。

1251年，成吉思汗孫子、拖雷長子蒙哥成為蒙古大汗。蒙哥在位期間，發動了蒙宋之間的第二次戰爭。蒙古大軍為了避開長江天險，採取了迂迴包圍戰術，兵分北、中、南三路大軍：南路10萬大軍直取大理國，經廣西，進入長沙；中路由蒙哥率領大軍南下四川，進入重慶；北路由忽必烈率領，進入武漢。三路大軍計劃在武漢會合，然後順江東進，直取臨安，企圖一舉滅亡南宋。

但是戰爭沒有如此簡單。雖然南宋抗蒙名將孟珙、杜杲早已病逝，但是蒙古北路軍和中路軍仍然在武漢和合州遭到了宋軍的頑強抵抗，久攻不克，最後蒙哥大汗戰死，蒙軍撤退。

蒙哥死後，蒙古內部陷入汗位之爭，忽必烈也急於回國搶奪汗位。但是，在如此關鍵的時刻，南宋權臣賈似道卻背著朝廷前來議和，雙方簽訂了議和協議，蒙軍開始撤兵。

1260年，蒙軍全部撤回北方，蒙宋的第二次戰爭結束。蒙古此次南征，大汗戰死，三路軍也無功而返。

第二次蒙宋戰爭結束後的四年裡，蒙古一直處於內亂之中，

忽必烈和他的弟弟阿里不哥爭奪汗位，雙方展開了內戰，也無暇南顧。1264年，忽必烈打敗阿里不哥，結束了蒙古四年的內亂。但是，在蒙古內亂如此好的契機面前，南宋朝廷並沒有抓住機會發展自己，反而軍政更加腐敗鬆弛，權臣當道，殘害忠良。

南宋四川守將劉整見同僚被害，憤而率其水師投降蒙古，這一支深得孟珙師傳的水師，精悍無比，使蒙古實力大增，滅宋計劃更進一步。

兩次南征宋朝的失敗，讓忽必烈把征宋當作了頭等大事對待。1268年，忽必烈命阿術和劉整率兵攻襄陽。襄陽的地理位置十分重要，是南宋長江上的門戶，失襄陽，南宋必亡。蒙軍久攻襄陽，6年不克。

最終，由於宋軍叛徒的出賣，襄陽失陷，南宋的門戶徹底被打開。1274年，元軍自漢江入長江，東下臨安，南宋軍隊紛紛投降。1276年，兵臨臨安城下，謝太后和宋恭宗出城投降。南宋投降之後仍有一些餘部在沿海一帶發展，最為著名的有陸秀夫、文天祥等。但南宋氣數已盡，豈是幾人之力可以更改，1279年，南宋徹底滅亡。

至此，元朝統一了中國。

明英宗在「土木堡之變」中被擒之謎

在中國歷史上，中原王朝與周邊少數民族政權之間一直都存在著激烈的矛盾。西漢與匈奴，唐朝與突厥，宋朝與蒙古，一直以來都戰亂不斷。到了明朝，中原王朝與北方少數民族之間的矛盾依然存在，明朝最終還被東北少數民族女真後人所滅。

明朝與周邊少數民族之間衝突越演越烈，其中最讓人們記憶深刻的就應屬「土木堡之變」。

「土木堡之變」，是一場明朝與北邊蒙古之間的戰爭，明朝50萬人馬被蒙古3萬鐵騎屠殺殆盡，慘烈程度在中國歷史上十分罕見。

1447年，蒙古瓦剌「太師淮王」派貢使2000人進京朝貢，卻詐稱3000人以騙取朝廷賞賜，還提出了明蒙聯姻的要求，這些要求都遭到明朝大太監王振的拒絕。以此為藉口，親率三路南下大軍進入明朝北疆大同、遼東以及宣府。瓦剌軍勢如破竹，連破塞外諸軍事堡壘。在諸路敗報頻傳之時，年僅23歲的明英宗在王振力勸之下決定親征蒙古瓦剌。

1447年陰曆七月十七日，英宗帶著王振以及臨時組建的50萬大軍出征塞北。在此之前，朝廷大臣紛紛勸阻英宗皇帝千萬不要「御駕親征」。因為僅僅幾萬敵寇，犯不著皇帝親自出馬。但是，英宗卻想效仿自己的祖宗太祖、成祖那樣跨馬出征，不顧大臣的勸阻執意出征。加上王振想要抓住機會立大功以樹立威信的

心理，力勸英宗出征，這也更堅定了英宗親征的信心。

浩浩蕩蕩五十萬大軍出發，朝廷之中三分之二的官員隨駕出征。八月抵達大同，瓦剌部見狀佯裝避去，實際是想要誘敵深入。王振在太監郭敬的勸導之下決定退兵。

13天之後，明軍退至懷來以西的土木堡，被追擊而來的蒙古瓦剌軍幾面圍攻，明軍幾十萬大軍在飢渴交迫之下，潰不成軍，幾乎被屠殺殆盡。明英宗被瓦剌軍俘虜，王振被殺。

明朝50萬大軍在蒙古瓦剌三萬鐵騎面前毫無招架的能力，從常理說即使是採取人數戰術，也不至於敗得如此之慘烈，但是明朝軍隊卻敗了。這其中原因也錯綜複雜。

首先，明朝出征的50萬大軍是在倉促之中組建而成，毫無戰鬥力可言。更何況在長達一個月的行軍旅途之中，沿途隨行役夫十多萬，軍隊補給不足，從出征的第一天開始，大軍內部就陷入了混亂之中。毫無戰鬥力可言的50萬明朝大軍在面對經年累月從戰爭中走出來的蒙古瓦剌鐵騎時，毫無抵抗力可言。

第二，從雙方領導人而言。明太祖、明成祖一生戎馬，屢經戰陣，而明英宗僅僅是金籠貴鳥，哪裡見過真戰場，在指揮軍隊上毫無經驗。真正指揮明軍的太監王振，出身社會底層，根本沒有多少文化知識，也沒有軍隊實際指揮經驗。

在作戰過程之中，王振還一意孤行，為了一己私慾改變了軍隊撤退路線，本來明朝大軍應該經大同由居庸關回北京，而王振想要衣錦還鄉顯擺一下，就決定改道由紫荊關入京。疲憊不堪的明朝大軍又驚惶退走，在到達距王振的家鄉蔚州40里之時，他又決定改道仍從居庸關入京。

如此反覆折騰，軍隊行程拖了八天之久，使得瓦剌軍直追而上，在土木堡消滅了50萬明朝軍隊。瓦剌軍首領卻是善於用兵、

懂得心理戰之人。在土木堡一戰之前，他就先截斷了明軍的水源，使得50萬明軍飢渴交迫，亂成一團。同時為了麻痺明軍，還假意講和，在明軍鬆懈下來的時候再大舉進攻，此時的明軍已經毫無抵抗力，任人宰割。

第三，明朝軍隊領導集團內部混亂不堪，大部分將領因為反對皇帝親征，遭到王振的迫害，許多善戰的將軍、將士只能敢怒不敢言。

土木堡之戰，毫無疑問，是一件偶發性事性，戰略戰術上的失誤使得明軍50萬大軍全軍覆沒。

皇太極為何兩次招降叛將祖大壽

公元1631年7月，皇太極為實現清軍入關、一統中原的願望，走出了入關戰略的重要一步——親率大軍攻大陵河城。大陵河城是戰略要地錦州的門戶，並由明朝以祖大壽為總兵率1萬6千餘人守城。

皇太極率兵圍城三月，祖大壽彈盡糧絕，為了城中1萬6千將士與三萬百姓的安危，祖大壽投降了。皇太極對祖大壽極為禮遇，不顧人的勸阻接受了祖大壽的智取錦州之計。就像皇太極所說：「朕以誠待他，他必不負朕。即使他負朕，朕在所不惜，要的就是心悅誠服。」

然而，令皇太極始料未及的是，祖大壽失信了。回到錦州城的祖大壽，徹底地斷絕了皇太極的聯繫，甚至他已經顧不得在清軍中為人質的兒子祖可法以及部將30餘人的性命。面對祖大壽「我絕對不做失信之人」的誓言，皇太極卻表現出了空前的寬容和耐性，依然厚待祖大壽的兒子和部將。

歷史總是在不經意間顯示出其戲劇性的一面。十年之後，清軍進攻戰略要地錦州城，守衛錦州的依然是祖大壽。因為錦州城是山海關最後的屏障，攻下錦州，就好比是一把利劍直抵明朝的咽喉。那麼要如何才能攻下錦州呢？皇太極從滿洲貴族的特殊利益和滿族本身的具體歷史情況出發，決定屯兵義縣，將其作為攻取錦州的前沿陣地和後勤基地。

面對「塞上之兵，莫勁於祖大壽之兵」的形勢，皇太極悉心採取了《三國志》曹丕的話：「坐而降之，其功大於動兵革也。」明朝降將張存禮也為皇太極獻上了一計：將明軍內部的蒙古兵作為爭取對象，裡應外合就可輕而易舉地奪取錦州城。

皇太極的對手依然是祖大壽，採取的方法依然是圍城。這次圍困讓祖大壽又想起十年前的大凌河之圍。與大凌河城一樣，錦州城也陷入了孤立無援、彈盡糧絕的境地。而城內還有部分有意歸降清軍的蒙古將領，可謂內憂外患。崇德七年農曆二月十八，洪承疇在松山被俘，松山失陷，祖大壽等待明朝援軍的希望破滅，又受到已經投降清軍的兩個兄弟祖大成和祖大樂的勸導，無奈之下於公元1642年農曆三月八日再次投降清軍。

這一次皇太極依然對祖大壽禮待有加，祖大壽被皇太極的誠心所感動，真正地投降了清軍。如果說第一次投降是祖大壽無奈之下的背叛，那麼第二次他就算得上是真心歸降了。

那麼，面對祖大壽第一次投降、背叛，為何皇太極還要再次招降祖大壽呢？

皇太極深知祖大壽在軍事上的價值，祖大壽抗清二十多年，有多少滿洲人都是在「取祖大壽項上首級，奪南朝花花江山」的夢想中長大的，可以說祖大壽是一代滿人在軍事上的精神目標。而且對皇太極的雄圖大業來說，錦州之後的下一個戰略目標就是重鎮寧遠。寧遠總兵、遼東提督吳三桂統率了關外明軍，成為清軍的最大阻力。但是，祖大壽卻是吳三桂的舅舅，可想而知，祖大壽在對吳三桂的戰役中具有舉足輕重的作用。

皇太極招降祖大壽的真正目的其實就為了吳三桂，就像歐陽修所說：「醉翁之意不在酒。」

為什麼清代以前的王朝沒有疆域觀

　　講古代的疆域觀首先要弄清「中國」一詞的來源。古代「中國」與現代「中國」的概念有很大的區別。「中國」一詞至遲出現在西周初年，那時「中國」指的是王朝京師之地，隨後建立的中原王朝也都稱為中國。但是，中原王朝以外的周邊地區並不包括在「中國」之內。隨著中原王朝疆土的不斷變化，中國的概念也在發生著變化。但是，有一點可以確認的是，歷史上「中國」的概念始終代表著中原王朝，就是中原王朝所屬的疆域和漢族聚居區都屬於中國，而周邊民族始終被排除在「中國」之外。

　　華夏文明在政治史和文化史上的不間斷發展，這種打破與繼承的發展脈絡是中國疆域始終得以存在的重要條件。中國歷史上統一的時間很長，期間也經歷了兩次由統一到分裂再到統一的過程。第一次是從秦漢的統一，經過魏晉南北朝分裂，再到隋唐的統一；第二次是從隋唐的統一，經過五代宋遼金西夏的分裂，到元明清統一。

　　從秦代到元朝的大一統，中國的疆域發生著巨大的變化。兩次分裂時期，被排斥在古代「中國」概念以外的少數民族與中原民族之間，實現了民族之間的大融合。中原地區的漢族深入到「夷狄」所居住的邊疆，而「蠻荒異域」邊疆民族流入中原地區與漢族融為一體。但是仍有不少邊疆少數民族被排除在「中國」之外。

到了元代，這種大融合表現得更加淋灕盡致，元朝作為蒙古政權南下中原而建立的王朝，結束了中原分裂割據的局面，這個在古代「中國」範圍以外的民族，就相當於現在的「外國人」的政權深入中原內地，逐漸成為主體。這就把蒙古世代所居、曾被古代「中國」看作外國的地區納入了中國的版圖。

清朝的政權也走了元代的老路，此時古代「中國」以外的少數民族地區全部納入了中國的版圖。由此國家對邊疆地區實行有效的管轄，大批漢族和中原其他民族流向邊疆，部分邊疆民族內遷，極大地加強了邊疆民族與漢族融合的深度和廣度，為中國疆域的拓展奠定了基礎。中華民族多元一體的格局也在逐漸形成。

清朝入關之後，既繼承了歷代中原王朝不斷形成的疆域，也繼承了周邊民族活動的地區，並對這些地區實行有效的管理，這種管理使得清朝對所屬疆域有了明確的概念。

從理論上來說，中國的疆域不僅含括中原漢民族所締造的地區，也應該包括邊疆各少數民族所屬的地區。如果以中原王朝的疆域為歷史上的中國疆域，就把許多民族劃出了中國歷史範圍，這是不符合歷史實際的。清朝明確地把各少數民族納入疆域版圖，這一點比歷史上任何一個朝代都做得漂亮。也是因為如此的認知，使得清朝形成了統一的疆域觀。

甲午戰爭日軍登陸之謎

　　1894年，朝鮮爆發東學黨起義，中日同時對朝鮮駐兵以平息起義事件。事件平息之後，日軍繼續增兵朝鮮，並且突襲了已經撤退的中國運兵船「高昇號」，日本陸軍也同時向駐牙山中國軍隊發起進攻，蓄意挑起雙方矛盾，清政府被迫向日本宣戰，甲午中日戰爭爆發。

　　從1894年8月戰爭爆發到1895年4月結束，甲午中日戰爭共分為三個階段。第一階段1894年7月25日至9月17日，在此階段中，戰爭場地主要在朝鮮半島及海上，陸戰主要是平壤之戰，海戰主要是黃海海戰。戰役中，中國損失嚴重，北洋艦隊損失了「致遠」、「經遠」等五艘船艦，死傷官兵千餘人。

　　第二階段從1894年9月17日到11月22日，在此階段中，戰爭在遼東半島進行，有鴨綠江防之戰和金旅之戰。但是不到三天，清軍駐兵三萬的鴨綠江全線崩潰，日本在旅順展開旅順大屠殺，中國軍民死傷無數。

　　第三階段從1894年11月22日到1895年4月17日，在此階段中，戰爭在山東半島和遼東兩個戰場進行，有威海衛之戰和遼東之戰。威海衛戰役中北洋艦隊全軍覆沒，遼東戰役中清軍6萬多大軍從遼河東岸全線潰退。

　　可以說，歷時6個月的甲午中日戰爭，是中國近代史上的重要事件，也是清政府的恥辱。戰爭失敗之後，中日之間簽訂了不

平等條約《馬關條約》，使「亞洲現在是在三大強國的手中——俄國、英國和中國」之中的中國喪失大量領土和白銀，從此清政府的獨立自主權逐漸破壞。

日本在遼東半島登陸中國之後，甲午中日戰爭就由一場海上戰爭演變為陸地戰爭。可以確定的是，日本首先在山東登陸，然而具體位置又是哪裡？關於具體登陸點，一直都是眾說紛紜，莫衷一是，歷來有四種說法。

第一，山東榮成。持這種說法的是親身經歷過甲午中日戰爭的陳兆鏘，陳兆鏘在北洋艦隊「定遠號」上任職。據他所說，日軍登陸的具體位置，就在今榮成縣城崖頭東北80多里的龍鬚島西部。

第二，龍鬚島。這種說法主要來自《會陳海軍覆亡稟》的記載：「至十二月二十五日（即公元1895年1月20日），倭以水陸勁旅自龍鬚島登岸，破榮成縣城，攻橋頭等隘。」另外，海軍提督丁汝昌致李鴻章的電報裡也說：「兩船向龍鬚島駛，二十二船在燈塔處或二英里處或八英里游弋，必是倭船有登岸之舉。」由

甲午戰爭

此，大多數人都比較信服此種觀點。

第三，落鳳港。此種說法主要來自於日軍登陸的第二天，山東巡撫李秉衡致清政府的電報：「昨調倭島、里島防營折赴龍鬚島，尚未趕到，而倭人於落鳳港登陸，徑赴榮成縣。」另外，《盾墨拾餘》也記載了曾一度在戰爭期的上書：「二十五日，倭以運船四十艘，載陸兵由落鳳港登岸，撲榮成縣。」這種說法雖然得到了一部分人的認同，但是當代史著卻並不認同這種觀點。

第四，金山嘴。這種說法也來自於清兵總兵劉超佩致李鴻章的電報，在日軍登陸第二天，劉超佩致電李鴻章說：「二十五日早四點鐘，倭船三四十隻在龍鬚島、倭島、里島游弋，嗣於龍鬚島、倭島交界之金山嘴水深處下兵……賊兵蜂擁而上，槍隊不能存身，退回榮成。」

雖然各種說法都有其證據所在，但是目前為止也沒有更為精確的材料說明日軍登陸的具體地點。

宗教篇

慈航普度惠眾生

佛教、禪宗與中國的不解之緣

佛教自從公元前2年傳入中國以來，到現在已經經歷了相當長的一段時間。比起其他的兩大宗教，伊斯蘭教和基督教，佛教在中國的影響顯而易見是最大的。那麼，佛教和禪宗究竟有著什麼樣的魅力，它為什麼能夠在中國的大地上生根結果呢？

自東漢時期進入中國以來，經過魏晉的初步傳播，到了東晉十六國的時候佛教得到了很大的推廣。隨著佛教在中華大地的不斷深入，中國人對於佛學的研究以及大量的經文翻譯也進行得如火如荼。這種研究無疑就要與中國的本土文化以及本土的宗教思想結合起來，因為只有這樣，佛教才能在中國得到更廣泛的傳播，更能為普通的中國老百姓所接受。

到了隋唐時期，在諸多的佛教宗派之中，禪宗是最受到廣大百姓歡迎的。禪宗自身具有非常鮮明的特性，它更加貼近普通百姓以及儒教士大夫的心理。此外，禪宗有著如此旺盛的生命力還與它的簡單易行有關。

釋迦牟尼

「佛是自性作，莫向身外求。自性迷，佛即是眾生；自性悟，眾生即是佛。」這是慧能大師的一句話，意思大體就是講禪宗主張人人都具有佛性，都

可以修煉成佛。禪宗傾向於讓信徒自修自悟，靠自身的修煉來逐漸感悟人生，體悟佛性。每個信佛的人都應該具有一顆對佛堅定的心靈，有了這個前提，每個人都可以「識心見性」，認識自己，認識他人，認識社會。禪宗的這種「自修自悟」的特點就讓普通的百姓有機會靠近佛家，因此它才能夠深入到普通百姓的心間。

禪宗並不盛行文字和書面的普遍教導，而是主張因材施教。它除了要對信徒給予面對面的傳教說法之外，還要通過一些動作以及手勢來教導信徒。這些特點都讓禪宗能夠避免走進教條主義以及形式主義等不好的方向，也因此能夠長久地在民間得到發展和深入。

禪宗在中國的發展還得到了朝廷以及各地官吏的支持，而這些又都是由士大夫所充斥著的階層。士大夫對禪宗的青睞主要是基於其玄學的思維方式以及論辯的說禪方法，簡然有序，非常容易得到士大夫階層的心靈感應。而士大夫的鼎力支持，也為禪宗的進一步推廣起到了加速器的作用。

「若欲修行，在家亦得，不由在寺。在寺不修，如西方心惡之人。在家若修行，如東方人修繕，但願自家修清淨，即是本方。」慧能師傅提出的這種禪宗思想很容易引起普通市民的共鳴，它主張僧人俗人平等，主張出世不二。而且禪宗也不反對修建寺廟等固定的修禪地方，但是禪宗還是更加倡導「唯心淨土，己性彌陀」，因此能夠受到民眾的歡迎。

歸納來說，以上所講到的禪宗的幾大特點就是它得以在中國廣泛傳播的最主要原因。無論是儒家士大夫還是普通的平民百姓，禪宗在整個中國上下都擁有著廣泛的追隨者。正是因為這樣的大力支持，禪宗才得以在宋代以後成為佛教在中國的主要流派。佛教和禪宗也是因此而立足於中華大地。

古代入空門談何容易

　　如同現代人入學前需要履行一套「准入」程序一樣，古代人如果想要出家，那也必須嚴格地遵循出家的規章制度來辦理。

　　古代的出家制度是非常嚴格的。這是因為在古代，出家人一般都會受到各方人士的尊敬，出家人的地位非常高。現代人往往以自己結交到高官或富人為驕傲和自豪的資本，而古代人如果能夠擁有一個出家人做自己的摯友，那麼對於這個人來說就是非常榮幸的。例如古時候的文人墨客們，特別是名聲顯赫的大詩人，他們往往都會有幾個高僧朋友來共同交流感情，談論社會與人生。詩仙李白他在《答湖州迦葉司馬白何人也》寫道：

　　　　青蓮居士謫仙人，酒肆藏名三十春。
　　　　湖州司馬何須問？金粟如來是後身。

　　這裡的「金粟如來」指的是維摩詰居士。李白將自己與維摩詰居士聯繫在一起，可見他對佛家是多麼的敬重。

　　不僅如此，古代出家人的學問也是非常高的，除了要精通平常人所要學習的內容之外，出家人還要學一般人所不懂的佛法。這就要求出家人需要有很高的知識水平。

　　此外，在古代無論是平民百姓還是高官皇子，他們見了皇上是一定要下跪的。然而出家人拜見皇帝卻是不用下跪的，這是朝

廷給予僧人的最高禮遇。

由上面的一些事例我們就可以了解古代出家人的地位是何等的高尚了。那麼如果一個古代人想要皈依佛門，到底需要經過怎樣的考核呢？

就好像我們現代人如果想要上大學或是讀研究生都需要參加升學考試一樣，古代人如果想要出家為僧或是削髮為尼，也必須經過嚴格的考核。也就是說，在出家之前一定要參加正規的「出家資格認證考試」。如果考試合格，那麼皇家就會頒發出家「資格證書」給考試合格者。

古時候的「出家資格證書」叫做「度牒」，這是國家為那些依法得到公度為僧尼的人所發的證明性文件。在唐朝時度牒是用綾素錦素鈿軸所製，也就是品官所使用的綸誥。到了北宋度牒就改用紙製，而南宋則使用絹來進行製作。度牒上都會寫有僧人的籍貫、年齡、俗名、所入寺院、師父以及官署關係者的連署等。這就像現代人的身分證一樣，有了度牒，古代的出家人才算是真正有了合法的出家資格。

有了度牒的出家人在今後的生活中都享有特定的待遇，如免除兵役、地稅以及徭役等等。還有的就是上面我們所提及的一些皇家禮遇，以及受到世人的尊重等等。度牒擁有著如此之大的效用和優待，可想而知，利用度牒來謀取利益的人也是趨之若鶩，甚至有的人還會製造假的度牒。這就好像現代人製造假證書一樣普遍。宋朝的時候朝廷會不定期地發放度牒，這些發放出去的度牒都有自身的價格，想得到它的人必須出錢來買。因此，出售度牒也是朝廷豐裕庫銀的一個渠道。

既然擁有度牒會給一個古代人帶來如此多的好處，可見出家在古代是多麼的不容易啊！

僧人達摩並非少林功夫的祖師

少林寺是少林武術的發源之地，後又因少林武術而聞名天下。早在唐朝時期，少林就以武術和禪宗而享有美名。但是關於少林武術的創始人卻一直存在著爭議。

在新派武俠小說中，少林派被奉為武學正宗，達摩和尚也被認為是少林武術的創始人。由於武俠小說的潛移默化，達摩祖師創立了少林武術這一說法可謂家喻戶曉，成千上萬不喜歡動腦筋的人因此也步入了誤解歷史的重圍裡，誤以為少林武術是達摩祖師創立的。但實際上，達摩與少林武術並無關係。

達摩凌波

在我國佛教史上，大多數大德高僧都有正史記載，但是如此出名的達摩卻找不到絲毫的蹤影。並且從《洛陽伽藍記》、《高僧傳》、《續高僧傳》開始，包括《舊唐書》、《景德傳燈錄》等一大批著作中，均沒有任何一處提到達摩與少林武術有關。

海外的武術界一般都認為達摩是少林拳法的創始人。達摩是印度人，屬婆羅門族大乘佛法一派，全稱為菩提達摩，傳說他來到中國之時已經一

百五十歲。

據唐代宗密《圓覺經大疏鈔‧卷二》，以及在敦煌出土的《歷代法寶記》記載：相傳在魏晉南北朝時期，大約是公元500多年，有一位名為達摩的高僧從印度來到中國。他從廣州登陸，然後一路向北，將其教法傳授於中國大陸。為此，梁武帝還特地派人到南京，也就是當時的建業，迎接達摩踏訪其國度。

梁武帝向來信奉佛教，即位之後就大量地修建佛寺，撰寫經文，塑造佛像等等。他認為自己對佛教在中國的建設也作出了很大的貢獻，於是他就問達摩自己的功績有多高，而達摩卻不假思量地說他根本無功德可言。梁武帝詫異，又問：「何以無功德？」達摩答曰：「此是有為之事，不是實在的功德。」

由於梁武帝久久不能理解達摩此話之意，達摩便離開梁國而渡江到了北魏。他在遊覽嵩山的少林寺之後感嘆此地為風水寶地，於是決定在這裡弘揚禪法，還將自己的《楞伽經》傳授於寺中之人。然而由於他的禪法不被當時的佛教信徒看重，達摩就面壁九年創制了中國禪宗和少林功夫。高僧達摩也因此成為少林武術的鼻祖，後人尊稱其禪宗祖庭。

然而關於達摩祖師之說，多年來在學術界一直持有爭議。北京大學的教授張傳璽就曾經在光明日報上刊登了名為《少林功夫與菩提達摩無關》的文章。這一論辯給予「少林武術源自達摩」一說以強有力的批駁。

安陽師範學院的馬愛民教授經過多種渠道考證也認為達摩不是少林武術的創始人。馬愛民在研究之後說，少林武術的真正鼻祖是一位叫稠禪師的武僧，他是河北昌黎人，但是生長於河南安陽。稠禪師也叫僧稠，他在到達少林寺之前就有一身武藝，多年後他成了少林寺的第二代方丈，並且將其武藝傳於少林弟子。

新派武俠小說中經常提到的武當派掌門人張三豐倒是確有其人。史書中的張三豐生活在明朝初葉,明太祖朱元璋及明成祖朱棣還曾屢屢派人請他出山。但是與之共為天下武學盟主的達摩卻沒有在當時留有任何的歷史記載,甚至連明朝的《少林棍法闡宗》中也沒有只言片語提到達摩老祖與少林武術有什麼關係。書中倒是提到一位樂神,但是叫緊那羅,而不是達摩。

真正把達摩與少林武術聯繫在一起的卻是一部富有神話色彩的《易筋經》,但是《易筋經》裡的說法嚴重缺乏可信度。作為中國佛教重要派別之一的禪宗,其最大的特點就是以專修禪定為主,不立文字,教外別傳,直指人心,見性成佛。禪宗用通俗簡易的修持方法,取代了佛教其他各宗的煩瑣文字,日益興起。不立文字是歷代禪宗大師所公認的教規。

倘若承認達摩是禪宗的開山祖師,那麼他就應「不立文字」,也就不可能著有《易筋經》和《洗髓經》,沒有哪一宗哪一派的開山人會自己立下了規矩而又去帶頭破壞它,這是一個常理也是常識!

由此我們可以肯定地認為:《易筋經》和《洗髓經》這兩本最能證明達摩存在的書沒有依據,達摩與少林武術並無關係。

木棉袈裟身世之謎

　　佛教禪宗傳宗接代，以木棉袈裟作為代代相傳的信物，同時它也是眾生頂禮膜拜的對象。那麼，木棉袈裟究竟有何來歷？

　　相傳佛教創始之際，一日，佛祖釋迦牟尼在靈山召開大會。於會間，釋迦牟尼拈起一朵金光閃閃的小花，並且面朝著小花微笑。面對佛祖這一舉動，在會的其他眾人士皆面面相覷，不知佛祖有何寓意。就在這個時候，迦葉大師衝著佛祖微微一笑，於是佛祖開口了：「吾有正法眼藏，涅槃妙心，實相無相，微妙法門，不立文字，教外別傳，囑咐摩柯迦葉。」

　　由於迦葉大師與佛心心相印，心領神會了佛祖之意。於是釋迦牟尼將木棉袈裟傳與迦葉，此後世代相傳，因此木棉袈裟名聲大振。

　　袈裟傳與達摩後，他由天竺來到中國，正值南北朝之際，達摩自南向北一路傳授佛法。某日，達摩大師遇到一位虔誠至極的信徒，他甚至將自己的一個手臂砍斷以示其向佛之恆心。達摩為之動容，認為此弟子已經做到了與佛心心相印，於是將袈裟傳與他。這位弟子叫做神光，之後達摩師尊為其取法名慧可。

　　木棉袈裟由佛祖釋迦牟尼傳與迦葉，再由迦葉傳與達摩，達摩傳與慧可，慧可傳與僧粲，再傳道信。等到唐初，終於傳到了第五任大師的手中，他就是弘忍大師。

　　到了傳第六代衣鉢大師的時候，弘忍師傳出了一道題目來考

驗門中之人。題目要求眾門人各自取本心般若之性，並且作出一首偈頌，倘若弘忍大師覺得他已經與佛心心相印，那麼就將木棉袈裟傳與此人。

就在數人作出偈頌仍然得不到弘忍大師認可之時，寺內一個目不識丁的行者站了出來。他讓別人按照自己的意思在牆上寫出偈頌，是曰：

> 菩提本無樹，明鏡亦非台。
> 本來無一物，何處惹塵埃。

這一偈深得弘忍大師之意。既然這位行者領悟到了「見性成佛」，弘忍大師便將木棉袈裟傳授與他，並且還祕密給他講授了《金剛經》。他就是著名的慧能大師。不僅如此，弘忍大師還要求慧能之後不再傳木棉袈裟與他人，因為袈裟一日相傳，為之而起的爭鬥就一日不停息。

為了逃避追逐袈裟之人的迫害，慧能大師向南而去。

慧能一路南行，路途中曾經遭到一個想要得到袈裟之人的阻撓，這個人叫做慧明。慧明阻擋住慧能不讓他前行，於是慧能師傅將衣鉢放在石頭上，自己退卻。慧明立即上前想要搬起衣鉢，不料此衣鉢如有千斤的重量，死死地釘在石頭之上，無論如何也端不起來。慧明明白自己的修行不足以與佛心心相印，便向慧能大師賠禮，北上了。途中，慧明還替慧能大師阻擋了前來搶取袈裟之人。之後慧能師傅一路無阻，來到四會，一待就是十五年。後又來到廣州法性寺。

慧能到達法性寺的時候，正值寺中有兩人爭執問題：到底是有風吹動幡旗才搖動，還是幡旗自己在搖晃。慧能見此情景之

後，走上前，是云：「是仁者的心在動，倘若仁者心不動，則風不動，幡旗亦不會動。」

眾人聽此後驚詫，於是在光孝寺拜慧能為師。之後以慧能大師為中心的禪宗一派就在中國南部扎根，稱「南宗」。而以神秀為中心的禪宗則在北方分門別派，稱「北宗」。

傳木棉袈裟本為傳佛理，然而最終導致禪宗的分派對立也是這件袈裟。後來慧能師傅聽從了弘忍大師的教導，沒有再傳袈裟與後代，而是將其將給了女皇武則天。

女皇得手木棉袈裟之後又傳給了幾個師傅，相傳木棉袈裟最後是由大迦葉掌管著。

245

舍利子生成之謎

2500年前的一個靜靜的夜晚，佛祖釋迦牟尼在無憂樹下沈思，他恍然大悟得了道，他造就了博大精深的宗教，他把佛教的智慧傳播給了信徒，他是集大成者，因而在其圓寂以後弟子們驚奇地發現了很多金光閃閃、璀璨酷似明珠，耀眼猶如繁星，而且堅硬無比，這就是「舍利子」。

信徒們把佛祖的舍利子視為聖物，爭相供奉。

經研究者發現，舍利子是一種類似於骨質狀的結晶物。據佛經記載，得道的高僧在圓寂之後的火化中都會有舍利子遺留下來。舍利子是由什麼物質構成的還不為人知，這是一種神祕而罕見的現象。

舍利子也名設立羅，它在印度語中稱為駄都，中文的意思就是遺骨，是指一個佛門中人生前經過戒、定、慧的修持，再配有自己的大願力，圓寂火化之後其遺體所留下的結晶物體。舍利子外觀並不統一，顏色也各異，有像珍珠一般潔白的，也有像水晶瑪瑙一樣透明的，甚至還有的舍利子如鑽石般透亮晶瑩。這些美麗神奇的舍利子從古至今一直是令人膜拜與遐想的天賜之物。

然而，舍利子究竟是如何產生的？這個問題始終是困擾人們的一個大疑惑，也是醫學領域以及生物領域所致力研究的課題。

到現在為止，關於舍利子是怎樣生成的這個問題，有著多種說法。

有一篇題為《佛門舍利子本是鈣化結石》的文章某日刊登於香港的一本刊物之上。這篇文章中寫到：「因為僧人起居以坐為主要姿態，而吃進體內的又多是植物纖維，不易消化，加之長期取坐姿，體內纖維堆積過多，久而久之鈣化成結石。」文章還指出：「所謂舍利子，其實是人體內的結石，尤以腎結石和膽結石為多。」

這種舍利子是膽結石的論斷遭到了很多人的反駁，因為結石是一種很容易粉碎的物質，而舍利子則堅硬無比，有的舍利子甚至久錘不碎。再者，那些留下舍利子的高僧在生前都是體格健康的長壽老者，他們難道會是結石病的患者嗎？這種說法很輕易地就被駁倒了。

另有一種看法是說，佛門中人由於常年吃素，可能會在體內生成一種與常人不同的物質，這些生成物就是火化之後留下的舍利子。然而董竟成這位老中醫在《發音》中的撰文也對這一說法提出了質疑。他說，有的每天堅持吃齋打坐的普通百姓在死後也留下了舍利子，但是一些同樣是這種修為的僧人或是佛門弟子，在他們火化之後卻沒有發現有任何舍利子的存在。

台灣的聖嚴法師也是這樣認為，他說：「肉食者死後火化也有舍利子，此與肉食與否無關，凡是修定或是凝心、儳心而達到修身目的的人，燒了會有舍利子。通常說要修持戒、定、慧三學的人，才有舍利子。但是舍利子本身是人體分泌物結晶，它有若干程度的神聖和神祕，為佛教徒所重視，但未必是佛教徒的大事，因為這還是屬於界內色身的變化，終究不出無常的範圍，這才是聖者所重視的。」

可見，舍利子的生成與吃素或是打坐的坐姿關係並不大。

就像聖嚴法師所講的那樣，佛典對舍利子生成的看法也是如

此，以上幾種關於舍利子生成的解答似乎都不能讓人心服口服。近年來，多次出現得道高僧遺留下來舍利子。

如新加坡華人高僧宏船法師，還有93歲高齡的圍照法師等。不僅如此，圍照法師的心臟甚至久火不化，最終她的心臟燒成了一顆大大的黑色舍利，讓人嘆為觀止！

關於舍利子究竟是怎樣形成的這個問題，目前還沒有得到一個比較科學與可靠的答案，也許科學最終將為我們解答，抑或，只有心中有佛的人才會領會此中道理。

寺廟撞鐘為何108響

聞鐘聲，煩惱輕；
智慧長，菩提生。
離地獄，出火坑；
願成佛，度眾生。

在探討撞鐘為何要撞108響之前，我們不妨引一則新聞來作為嚮導：

「中新網1月26日電台灣法鼓山除夕撞鐘祈福活動，在午夜12時撞響108記法華鐘響後，順利圓滿完成。台灣地區領導人馬英九參加活動時表示，希望今年景氣回春、政治清明、社會和諧及兩岸和平。」

歷來但凡領導人在寺廟迎新時，都會在零點零分之時撞滿108次鐘響。這種迎新撞鐘的行動其實代表的是對來年好運的祈禱，可見，撞鐘108下代表著對美好未來的祈福。人們相信雄渾厚重的鐘聲一定能將人們身上的晦氣除去，於是在節假日大家都希望108下久遠的鐘聲飄蕩於雲寂之中。沒錯，祈福確實是撞鐘108次的寓意之一。

「九」字在中國有著吉祥高位之意，九九歸一、長長久久、九五之尊等都與「九」字相關。而108剛好是九的12倍，這似乎意味著將「九」的美好之意推向了無邊的境地，廣及四面八方，

普度眾生。

另外，108也是佛的象徵，經文要誦讀108遍，念珠要撥動108顆。據《鴻雪因緣圖記》記載：「素聞撞鐘之法，各有不同，河南云：前後三十六，中發三十六，共成一百八聲任；京師云：緊十八，慢十八，六遍湊成一百八。」「鐘聲之數取法念珠，意在收心入定。」可見，撞鐘108下不僅是為了向神明表示敬意，而且還可以將人類的108種煩惱消除，可謂一舉兩得。

《格致鏡原》引《紺珠》中記載：「凡撞鐘一百零八聲以應十二月，二十四節氣，七十二候（五天為一候）之數。」意思就是說，一年中有十二個月，有二十四個節氣，還有七十二候，總共加起來就是108。所以，108的意思就是一年。

另據《百丈清規・法器》中載：「大鐘叢林號令資始也。曉擊即破長夜，警睡眠；暮擊則覺昏衢，疏冥昧。」這是對撞鐘方式的一種介紹，意思為在即將破曉之際，要連續撞鐘108次。

108這個數字已經留在了堂堂中華文明的各種印記之中，例如《水滸》中梁山好漢一百零八將，各類名勝古蹟中也有與108相關的建造，甚至是現代社會的通信業務也想套用108的吉祥之意，如大陸中國電信的「108」業務等等。

張三豐是武當拳的鼻祖嗎

天地交泰化成功，朝野咸安治道亨。
皇極殿中龍虎靜，武當雲外鐘鼓清。
臣居草莽原無用，帝問芻蕘苦有情。
敢把微言勞聖聽，澄心寡欲是長生。

此一首《答永樂皇帝》出自張三豐之手。張三豐，名通，號玄玄子，是跨越宋、元、明三朝之道士，被譽為武當一派的開天闢地之人。

據稱此人生性不修邊幅，因曾遊於寶雞山中，見有三山之峰，所以就取「三豐」之號。後因其英名蓋世，明英宗曾賜號其「通微顯化真人」，明憲宗曾封號「韜光尚志真仙」，另有明世宗封號「清虛元妙真君」。可見，張三豐與武當共同以一「真」字名聞天下。

張三豐生於1247年，據撰寫《古今太極拳譜及源流闡祕》的李師融先生研究考證，他卒於1458年。也就是說，張三豐的壽命長達212年之久，這在人類壽命史上實屬罕見！另有其他諸種資料顯示，確實也都記載了張三豐的壽命為212年。

據史籍記載，1258年，宗教界爆發了中國歷史上規模最大的一次佛教與道教的「爭論賽」。在此次辯論中，道教遭到了慘敗，日後一蹶不振，勢力極其微弱。然而一百年過去之後，張三

豐卻在武當山創立了一個新的道教門派，即武當三豐派，這也是中國道教發展史上的最後一股源流。

相傳張三豐是武當派創建的鼻祖，據《武當拳術祕訣》載：「本武當三豐之要訣，為武當之正宗。」武當派始於張三豐在近年的諸種考證和研究之後也得到了專家界的逐步認同。

據考證，三豐派主張「守內、崇實、修性、健身」，並且形成了一種「順其自然、以靜制動、技進於道」的武功派別，有「陰陽說」、「五行說」和「太極說」等武當拳法的運用。

張三豐的理論著述有很多，經後人整理之後匯編入《張三豐先生全集》之中，包括《玄機直講》、《大道論》和《玄要篇》等名篇。

由於之前道教義理艱難晦澀，令世人難懂，張三豐因此開始採用相對通俗的文字，和歌詞的體裁，來撰寫理論書籍。他的《無根樹》24首就是為後人稱道的融玄奧的修真理論於膾炙人口的曲詞之中的精品。如：

　　無根樹，花王幽，貪戀榮華誰肯修。
　　浮生事，苦海舟，蕩來飄去不自由。
　　無岸無邊難泊繫，常在魚龍險處游。
　　肯回首，是岸頭，莫待風波壞了舟。

據專家分析介紹，張三豐創制武當有三種說法：第一是說張三豐的武功為神明賜予；第二是說張三豐是受到了動物爭鬥的啟示而自創一派功夫，這就是「鳥蛇鬥」；但是也有人反對前兩種說法，認為張三豐並不是武當派的創始人，武當派拳術的形成是源於少林派的武功。

其實上述的三種武當起源各有各的道理，雖然第一種說法是講「真武神授」，但是這就如同諸多藝術家與發明家在睡夢中獲得靈感一樣，有著科學的依據，並不是憑空而論。

中國武術分為南北兩派，歷來有「北尊少林，南崇武當」之說，它們都是集中華武術之魂的大派。無論武當派是否為張三豐所確立，這一派中國功夫都已經享譽全球，名聲四海，是謂中華文明之精華。

菩提達摩有沒有與梁武帝會晤

梁武帝，名蕭衍，南朝梁的開國皇帝，在位48年間大興佛教，廣建寺院，寫經鑄像，並三次捨身同泰寺，「幾可謂為以佛化治國」，是中國歷史上著名的好佛帝王。

菩提達摩，又譯為達摩或達磨，是中國佛教禪宗的始祖，生於南印度，出生於婆羅門種姓，出家後傾心研究大乘佛教，創立了一套參悟的禪法──達摩禪學，亦稱「南天竺一乘宗」。

南朝期間，菩提達摩泛海來華，經廣州北上至南朝，再入北魏，長期定居於嵩山少林寺，收納門徒，傳授禪道，經嫡傳弟子慧可繼承、傳衍，逐漸形成了東土禪宗的祖系。

禪宗及其學說思想後來被儒學所吸收，成為宋明理學的有機構成部分，在中國古代思想史上產生了深遠的影響。菩提達摩因而被尊奉為中國佛教史上「功業最高」者之一。

據一些古籍所載，梁武帝曾在都城建康會見過菩提達摩，請教「造寺度人，寫經鑄像，有何功德」，達摩答道：「此有為之善，非真功德」。雙方「理不契機」，不快而別。

由於達摩祥法以「教外別傳，不立文字」為特徵，故對達摩生平缺乏記載，又因後來禪宗內部派系紛爭，各自渲染、誇張始祖事蹟。當時流行於世的一本關於達摩生前活動之書《景德傳燈錄》，雖然內容豐富，但其中摻入了許多附會、杜撰之章。

所以，梁武帝究竟有否與菩提達摩晤談過，幾度引起了後世

學者的爭議，此事被列為禪宗「頌古百則」中的第一則公案，也成為中國佛教史上的一大疑案。

一種觀點認為，歷史上並無此事。

持此觀點的學者認為，這次晤談的文字「全是後人偽造出來的」謬說，是「無稽的神話」。他們根據唐朝道宣所撰的《續高僧傳》、唐朝淨覺的《楞伽師資記》、敦煌寫本《歷代法寶記》和宋悟明《聯燈會要》等古籍著作來推測認定：達摩「初達宋境南越」，到達的是南朝宋、齊、梁、陳四朝中的劉宋王朝，故達摩來華最遲在劉宋滅亡以前；達摩約於公元470年左右來華，在華生活約50年之久，蕭齊初期已在北方傳道，此時梁朝還未建立。從時間上來看，菩提達摩不可能與梁武帝有過會晤。

再者，達摩曾在洛陽瞻仰了華麗壯觀的永寧寺，時間當是該寺的全盛期間，而該寺在公元526年被大風颳落，此後又歷遭兵災，至公元534年毀於大火，故全盛期在公元516年至526年間。

達摩謁寺約在公元520年左右，因此不可能於公元526年左右參觀該寺。所以，對這次會見，許多記載都有「演變的痕跡」，「更雜以許多虛妄之處」。

另一種觀點則認為，歷史上有過此事。

學者們經考證說：「初達宋境南越」中的「宋境南越」是泛指中國南方地區，是地域概念而非時間概念。該句意為「達摩起初抵達中國南方境內」，並非指劉宋期間抵華；永寧寺於公元526年被大風颳落寶瓶後，馬上被修復，興盛期延續至公元534年才真正結束，達摩於公元526年前後參觀該寺是可能的。

另外，根據史書記載「慧可在『年登四十，遇菩提達摩遊化嵩洛，可一見悅之，奉以為師』」，這一年是公元526年，由此可見，達摩不可能於公元470年或479年的劉宋期間來華，而是在

公元526年前後取道廣州，經建康渡江入魏。從時間、路線上看，會見梁武帝是完全可能的。

梁武帝篤信佛教，一向注重延攬名僧，不少外國高僧慕名而來，受到他熱情接待。達摩來華，他必定會躬自迎接。況且梁武帝曾制《菩提達摩大師碑》、《內證佛法相承血脈譜》、《寶林傳》、《傳法正宗記》、《全六朝文・梁武帝文》等古籍中均收錄有「見之不見，逢之不逢，今之古之」等碑文，言語間表達出與達摩語不投機而失之交臂的悔恨心情。

以上這些證據都說明歷史上的確有過這次晤談。

眾說紛紜且都有理有據，看來，關於這件佛教史上的疑案，學者們的筆墨官司還將是一場難以預測勝負的持久戰。

誰是西天取經的第一人

　　《西遊記》中的唐僧是以玄奘為原型塑造出來的，歷史上的玄奘是一位有著多重貢獻的高僧，他把梵文佛經翻譯成漢語，又把漢語著作介紹到外國，豐富了我國佛經，也促進了兩國文化的交流，所以，他的名氣是很大的。不過，你可能不知道，還有比唐僧更早的西天取經之人，而且不止一人。

　　歷史上第一位去西天取經的人是高僧法顯，他是現在的山西襄丘人，俗姓為龔，在家中排行第四。當時父母怕養不活他，就把他送進仙堂寺去做小沙彌，希望他能得到佛光的庇佑。

　　幾十年的修煉，使他對佛學的研究和探索達到了爐火純青的地步，成為當地學問最深的僧侶。當他發現現存經書有很多錯誤和殘缺時，為了維護佛教「真理」，矯正時弊，年近古稀的他萌生了西行取經求法的念頭。

　　一天，他在洗臉時，突然看到自己映在水中的衰老面容，便長嘆一聲道：「若再猶豫，我的夙願就要化為泡影。」

　　於是，在東晉隆安三年（399年）的三月，年已62歲的法顯同慧景、道整、慧應、慧嵬四人一起，從長安動身，向西進發，開始了漫長的西行。次年，他們到了張掖（今甘肅張掖），在這裡又有一批僧侶加入。

　　他們沿著古代「絲綢之路」西出陽關，進入白龍灘大沙漠。法顯一行不畏艱苦，冒險前行，經過17個晝夜，行程1500里，終

於走出了這片死亡之海。

之後，他們沿塔里木河向西北行進，到烏隸國（今新疆北部），又折轉南下，進入塔克拉瑪干大沙漠。

法顯在回憶這段行程時寫道：「行路中無居民，沙行艱難，所行之苦，人理莫比。」

公元404年，法顯和道整終於來到了印度佛教發祥地。相傳這裡是佛祖釋迦牟尼生前居住說法最久的地方。

公元410年，法顯踏上了歸國的征途，他的最後一個同伴道整留居印度不走了，他卻大志不改，孤身一人前行。回國後，他被當時江西廬山東林寺的著名高僧慧遠接到南京講經和譯經。他歷時5年譯了經典6部，共63卷，計100多萬字。後來，已近暮年的法顯遷往荊州，於公元422年圓寂，享年86歲。

第二位取經人是高僧曇無竭，他本姓李，幽州黃龍人（現遼寧省朝陽市）。據《高僧傳》記載，曇無竭很小時就在龍翔佛寺出家，他潛心修煉，遵守戒律，在眾多僧徒中表現得出類拔萃，很快就成了龍翔佛寺僧眾中的佼佼者。

在修行的過程中，他常慨嘆佛經殘缺不全，又聽說山西有僧人法顯等躬踐佛國，從古印度取回真經，於是他立下誓言，決心親赴西天取經。

公元420年，曇無竭和僧猛、曇朗等25人，攜帶法器、食缽等物，從燕都龍城出發，向西行進。他們先到今天的青海，再出甘肅的河西走廊，穿過新疆吐魯番東等地，翻越雪山大漠、絕壁深淵。同行取經的25名東北和尚中，有12人墜崖而亡，有8人中途餓死，最終只剩下曇無竭等5人。

歷經數年，最終到達現在的阿富汗、巴基斯坦和印度等地。曇無竭在印度各地禮拜佛陀聖蹟，尋訪名師，學習梵文經典數年

後，從南天竺搭乘商船，過印度洋、南海，一行人安全抵達廣州。回國後，曇無竭住在江南弘揚佛法，直至去世。

他將在西天尋求的梵文《觀世音受記經》譯成漢文後，廣泛流傳於南北各地，後收錄於《大藏經》中，為古今世人所傳誦。曇無竭將在西天取經的遊歷與見聞寫成《歷國傳記》，欲傳後世，可惜此書早已失傳。

他們西天取經回來，法顯帶回並翻譯的佛經有6部24卷，曇無竭帶回1部佛經，玄奘帶回並翻譯的經、論有75部1335卷，他們為我國佛教文化發展和古代中印文化交流，而作出的貢獻永遠值得稱頌。

玄奘西天取經並未得到唐太宗的支持

　　一部《西遊記》讓眾多的觀眾和讀者認識了唐三藏和他的三個奇形怪狀卻無所不能的高徒們。多數人都認為，唐玄奘是在唐太宗的隆重告別儀式之後才踏上取經的路途的。然而小說畢竟是小說，它與歷史還是有很大的出入的。事實上，玄奘西天取經的計劃最初並沒有得到唐太宗的支持。這究竟為何？

　　我們都知道，玄奘西天取經對於佛教的發展可謂有著非常重大的歷史和文化意義。那麼這個意義又是什麼呢？

　　佛教發展到南北朝時期開始興盛，其興盛的表現之一就是經文的大量翻譯。然而在當時，由於佛經的原文都是梵語，而精通梵語的中國人又少之又少，因此在翻譯佛經的過程中就出現很多的爭論。中國佛教的各家各派也就隨著各種各樣的爭論林立起來。玄奘就是在這樣的情況下決心遠赴印度，去一睹「原始」佛教的尊容，將正確無誤的佛經意思傳入中國。這其實就是玄奘西行的直接目的，他後來所取得的成果也就是將真經傳入了中國，對之前各家各派的分歧起到了答疑解難的作用。

　　玄奘，唐代僧人，法相宗創始人，佛經翻譯家、旅行家。俗姓陳，今河南偃師人。玄奘家貧，父母早喪，十三歲出家，二十歲在成都受具足戒。他遊歷各地，參訪名師。他曾跟道岳學《俱捨》，跟僧辯學《攝大乘論》，跟玄會學《涅槃》，沒過多久就把幾位大德的學問悉數領會。

僧辯嘆道：「你是佛門中的千里馬呀，佛法將在你的身上得到大力弘揚，只可惜我們這些老朽看不到那一天了。」玄奘由此譽滿京華。通過多年來在各處講筵所聞，玄奘深感異說紛紜，無從獲解。特別是當時攝論、地論兩家關於法相之說各異，遂產生去印度求《瑜迦師地論》以會通一切的念頭。

那麼，擁有如此重大意義的西行，為什麼唐太宗不答應呢？

玄奘生於公元602年，他準備到天竺取經之時剛好是唐太宗李世民剛剛繼位。由於朝廷換屆，國家不穩定，唐朝的政治環境還處於動盪之中，特別是經常會受到西域突厥人的侵犯。所以唐太宗當時對外並不主張開放，而是限制本國人民與外國人士的交往，以免對政局的穩固與加強產生負面的影響。

也就是在這個國家周邊環境並不安寧的時候，玄奘認識到了到西天取經的重要性，於是他便向唐太宗要求到印度去尋取真經。然而他的請求卻被唐太宗拒絕了，理由就是邊境不安，對於國民的出入要施加嚴格的限制。就這樣，玄奘幾經說服都沒能取得唐太宗的支持，

玄奘

他的雄心壯志受到了外力的阻撓。

然而玄奘並沒有因此罷休，他做出了一個驚人的舉動——偷渡出國！

唐貞觀三年八月，二十六歲的玄奘，出發前往佛教的發源地印度取經。相傳當時一個守邊境的小士兵被玄奘的遠大志向所感動，於是就私下裡將他放出境外，還決定同他一起到西天取經。不過這位小兵由於經不起途中的艱難險阻，在半途中就放棄了西行，玄奘則一直堅持走下去。唐太宗曾經多次下令通緝捉拿玄奘，但是都沒有成功。

就這樣歷經千難萬險，玄奘跋山涉水，終於到了夢想之國——天竺。他在此地取經學經，一待就是十幾年。等到印度佛教的最高學府那爛陀寺裡面的僧人都比不過他的時候，玄奘毅然決定——回國！

終於，玄奘回到了大唐。唐太宗也為他的事蹟所感動，在玄奘請罪的時候赦免了他。不僅赦免，唐太宗還想為玄奘加官加冕，然而都被玄奘婉言拒絕了。玄奘從此便在中國大地上傳授真經，教誨眾人，普度眾生。

玄奘用他莫大的功績消除了唐太宗原本對他的厭惡。他的雄心與膽識讓唐太宗感到萬分的崇敬與贊嘆，他對大唐所作出的貢獻也讓唐太宗感動不已。想必連唐太宗自己都沒有想到，玄奘居然能夠凱旋而歸吧！

法海原來是高僧

　　在家喻戶曉的神話故事《白蛇傳》裡，法海是個很可惡的和尚，心胸狹隘，公報私仇，狗拿耗子——多管閒事，拆散了許仙和白素貞的幸福家庭。其實，這也不全是神話傳說，歷史上的確存在過法海這樣一個人。

　　明吳郡陳謙的《訥庵隨筆》說：「余考法海，金陵人，見顏魯公《湖州烏程縣杼山妙喜寺碑》。」清末民初編纂的《丹徒縣誌撼余》也說：「法海洞在京口金山，原臆其為裴頭陀棲隱之地。然法海之名見於稗說，婦孺皆知。丹徒縣誌及金山諸寺『方外』一門獨佚其人。……又楊秉把《雜錄》云『繆雪莊（謨）有《題法海禪師像傳》』。」

　　唐朝李華的《潤州鶴林寺徑山大師碑銘》中也說，法海是徑山大師（俗姓馬，名元素，延陵人）的同門師弟，他們都是南京牛頭山（今南京市郊牛首山）威法師的傳法弟子，這一輩的僧名都帶個「法」字。

　　抗戰前出版的《人名大詞典》中「法海」條目寫道：「法海，丹陽張氏子，字文允。少出家於鶴林寺，該通外學，圓入一性，擅獨悟之名，剖不決之義……天寶中，預揚州法慎律師講肆，與曇一、靈一等同推為顏冉。復與杼山畫公為忘年交。」

　　因此，真正的法海其人，俗名張文允，丹陽人，是唐玄宗天寶年間的一個名僧，精通佛理，年少時出家於潤州鶴林寺，擅長

修建佛寺。

　　《白蛇傳》是綜合清代馮夢龍編纂的《警世通言》中的《白娘子永鎮雷峰塔》話本，後經過民間藝人的再加工而成。法海的原型不是歷史記載中的法海，而是金山寺祖師的裴頭陀。

　　《金山志》上曾記載：「蟒洞，右峰之側，幽峻奇險，入深四五丈許。昔出白蟒噬人，適裴頭陀驅伏獲金，重建精藍。」宋朝詩人張商英有詩道：「半間石室安禪地，蓋代功名不易磨，白蟒化龍歸海去，岩中留下老頭陀。」這首詩被製成楹聯，如今還掛在法海洞中。說的是裴頭陀初來金山寺時，寺宇傾毀，雜草叢生，半山崖有一條白蟒蛇經常出來傷人，百姓不敢上山燒香。裴頭陀曾勇敢地與白蟒鬥法，將白蟒趕入江裡。他立志修復古剎。在僧徒和周圍群眾的支持下，修寺蓋屋，重繼香火。

　　後來裴頭陀和法海經民間藝人一捏合，合二為一了。就這樣，裴頭陀降服白蟒的傳說轉到了法海名下，白蛇傳故事中選用法海代替了裴頭陀。在現今江蘇鎮江金山慈壽塔西面懸崖處的法海洞，相傳金山的開山祖師裴頭陀師初到金山時就住過此洞。

樂山大佛：歷經風雨為何保存完好

　　樂山大佛位於四川省樂山市，雕琢於岷江、大渡河以及青衣江三江交匯處的岩壁之上。樂山大佛又稱作凌雲大佛，與樂山城隔江水而望，它是唐代留給後世的大型藝術雕像。

　　彌勒佛是三世佛中的未來之佛，他也是在釋迦牟尼涅槃後接替其佛祖地位的大佛。唐朝對於彌勒佛的崇拜十分盛行，修建於此時的樂山大佛就是一座彌勒佛，他象徵著未來和光明。在接替了釋迦牟尼的佛祖地位之後，於華林園的龍華樹下普度眾生，傳遞佛法。

　　樂山大佛公認高度為71米，其中頭部高14.7米，頭寬10米，髮髻1021個，耳長7米，鼻長5.6米，眉長5.6米，嘴巴和眼長3.3米，頸高3米，肩寬24米，手指長8.3米，從膝蓋到腳背28米，腳背寬8.5米，腳面可圍坐百人以上。樂山大佛的頭部與山高相齊，腳踏江水，雙手撫膝，佛體大而廣，依江水而坐，肅穆凌然。

　　根據《重修凌雲寺記》和《嘉州凌雲大佛像記》等史籍的記載，樂山大佛是由海通和尚提議建造的。由於古代的樂山三江交匯之處水勢凶猛，水災造成的悲劇連年發生。

　　海通這才想到要建造造福人間的彌勒大佛來賑災救濟，撫平風浪，安撫眾生。唐玄宗開元年間開始動工，等到大佛修建到肩部時，由於海通的去世，之後的建佛工程一度中斷。之後又幾經

停工和復工，樂山大佛終於在歷經九十年後的唐德宗貞元年間徹底竣工。

樂山大佛已經在人間有千年歷史，然而我們今天看到的這座石造之佛卻在歷經風霜之後依舊保存完好，這在歷史上實屬罕見的奇蹟。

其實，樂山大佛兩側的岩石叫做紅砂岩，這是一種容易風化的岩石，它的質地比較酥鬆，是用於雕鑿的好石料。但是紅砂岩雖然容易修建，它卻難以經得住建成之後環境的風化。樂山大佛在之後的一千餘年中也歷經風風雨雨，曾經也千瘡百孔。各個朝代都對這座享譽人間的佛像進行過修復工作。

但是樂山大佛自身的優異排水系統也為它的保存做出了極大的貢獻。這套排水系統遠望不見，很好地隱藏於其兩耳和頭部之後，設計非常精巧。「泉從古佛髻中流」，這是清代詩人王士禎詠讚樂

樂山大佛

山大佛的詩句，講的其實是樂山大佛自身的排水系統。大佛的頭部總共有著十八層螺髻，其中的第四、九層和第十八層都修有橫向的排水溝渠。另外，大佛的衣領和衣褶皺之處也修建有類似的排水渠。這些水渠和洞穴很好地履行了千年排水的重任，致使樂山大佛歷經千年而不腐，如今依然傲然江水之邊，正襟危坐。

　　1989年的5月，一位年過六旬的老人在樂山地區遊玩之後回到家中與親朋們共享風景照片。就在這時，老人發現其中一張照片中的山形好像一座躺著的佛像，這讓在一旁觀看的人都驚嘆不已。這就是樂山臥佛的發現過程。臥佛以烏尤山、凌雲山和龜城山構成，三座山分別構成了臥佛的頭部、身部和腳步。仔細觀察頭部，簡直就是活佛再現，神奇無比。樂山臥佛全長將近一千三百餘米，蔚為壯觀。

　　如今，樂山大佛的完好保存以及樂山臥佛的再發現，讓整個樂山風景區成為世界名勝，樂山大佛已經位列世界文化遺產名錄之中。這不僅是中華兒女的驕傲，更是世界歷史上輝煌的一筆。

觀音原本為男子

　　一提到觀音大士，我們的腦海中立刻會浮現出那個手拿玉淨瓶、盤坐於蓮花坐台之上的女性形象。在中國人多的心目中，觀音大士確為女子之身。然而，在佛教經典的記載中，觀世音菩薩其實是男子之相。

　　據南北朝時期的《觀世音得大勢受（記）經》記載說，如來王國之中沒有女兒之身，威德是一國之君，他的左右蓮花化為兩個兒子，其中來自右邊的名為寶尚，就是得大勢，而另一邊就是觀世音。另外，《悲華經》譯介於南北朝時期，根據此經的記述，觀音本是轉輪聖王的長子，他的前生是雙馬神童。

　　這兩處記載都是關於觀世音的來歷，雖然各自相異，但是對於觀世音是男子之身這一說法則都有講到。而且從巴基斯坦的《古犍陀羅蓮華手觀音》中觀音的鬍鬚也可以證明：觀世音的形象最初為男性。

　　那為什麼觀音菩薩在中國的形象會呈現為女性呢？其由男身轉變為女身的過程又是怎樣的呢？其實任何一個宗教要想在他國立足，那就必須與他國的文化相融合，佛教在中國的傳播也經歷了這樣的一個融合過程。而觀世音由男相轉變為女相也是這個相容相合過程中的一分子。

　　觀世音性別在中國的轉變有著原始經典的依據。「化身之說」是佛教有別於其他宗教的一個特色。《佛地論》中就有關於

化身的說法：「變化身者，為欲利益安樂眾生，示現種種變化事故。」可見，有了化身，佛身就可以呈現出種種不同的形象，而其變換萬端的最終目的卻都是為了撫慰民眾。

據《法華經·普門品》和《楞嚴經》所記載的觀音菩薩的化身之中，有數種化身都是女性，如童女神、居士婦女身、丘尼身等。這樣看來，佛教的「化身之說」以及觀世音的諸種女性化身確實都為後來觀世音在中國轉變為女性奠定了一個堅實的基礎。

觀世音性別在中國的轉變符合了中國人民的審美特質。較之男性身體展現出的力量之美，女性給人以身體之美、線條之美、肌膚之美等美感的享受。女性相比男性而言，其身體本身有著更高的和更加普通的審美意義。所以說觀音之身由男性轉變為女性，符合了人民的審美追求力。

觀世音性別在中國的轉變是封建禮教的產物。觀世

觀音

音救世的方式是「救苦救難、大慈大悲」，她肩負著在精神上將民眾於水生火熱之中救出的重任。在中國封建禮教的壓制之下，最需要觀音救助的便是女子了，而呈現為女相的觀世音菩薩則能夠讓婦女們感到更有親和之力，願意為將內心的苦悶向她訴說。

另外，在每個人的成長過程之中，母親總是能夠給予孩子比父親更加顯著的關懷和愛戴，這也是母愛之所以歷代被傳唱的原因。而觀世音「大慈大悲、救苦救難」的形象就與母愛的關懷倍加相似，也是因為此，觀音為女性之身比男性更具有悲天憫懷的特質。

觀世音在中國由男性轉變為女性經歷了一個漫長的過程，確切地講，到了明朝時期她的女性形象才真正地得以完成轉變。而且由上面的探討可以看出，觀音形象的轉變並不是偶然的。這種轉變不僅有利於佛教在中國的扎根，而且讓觀世音的形象深入到了中國人的內心深處。

〈本卷 終〉

國家圖書館出版品預行編目資料

歷史步步是驚心，趙逸君主編，
　初版．新北市，新視野 New Vision，2020.04
　　面；　公分 --
　　ISBN 978-986-98435-9-1（平裝）
1.中國史　2.通俗史話

610.9　　　　　　　　　　　　　　109001453

歷史步步是驚心
趙逸君　主編

出　　版　新視野 New Vision
編　　著　宿春禮、邢群麟
製　　作　新潮社文化事業有限公司
　　　　　　電話 02-8666-5711
　　　　　　傳真 02-8666-5833
　　　　　　E-mail：service@xcsbook.com.tw

印前作業　東豪印刷事業有限公司
印刷作業　福霖印刷有限公司

總 經 銷　聯合發行股份有限公司
　　　　　　新北市新店區寶橋路 235 巷 6 弄 6 號 2F
　　　　　　電話 02-2917-8022
　　　　　　傳真 02-2915-6275

初版一刷　2020 年 04 月